백전백승

DIAT 만점을 위한 특·별·한·기·술

인터넷 정보검색

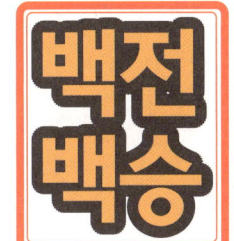

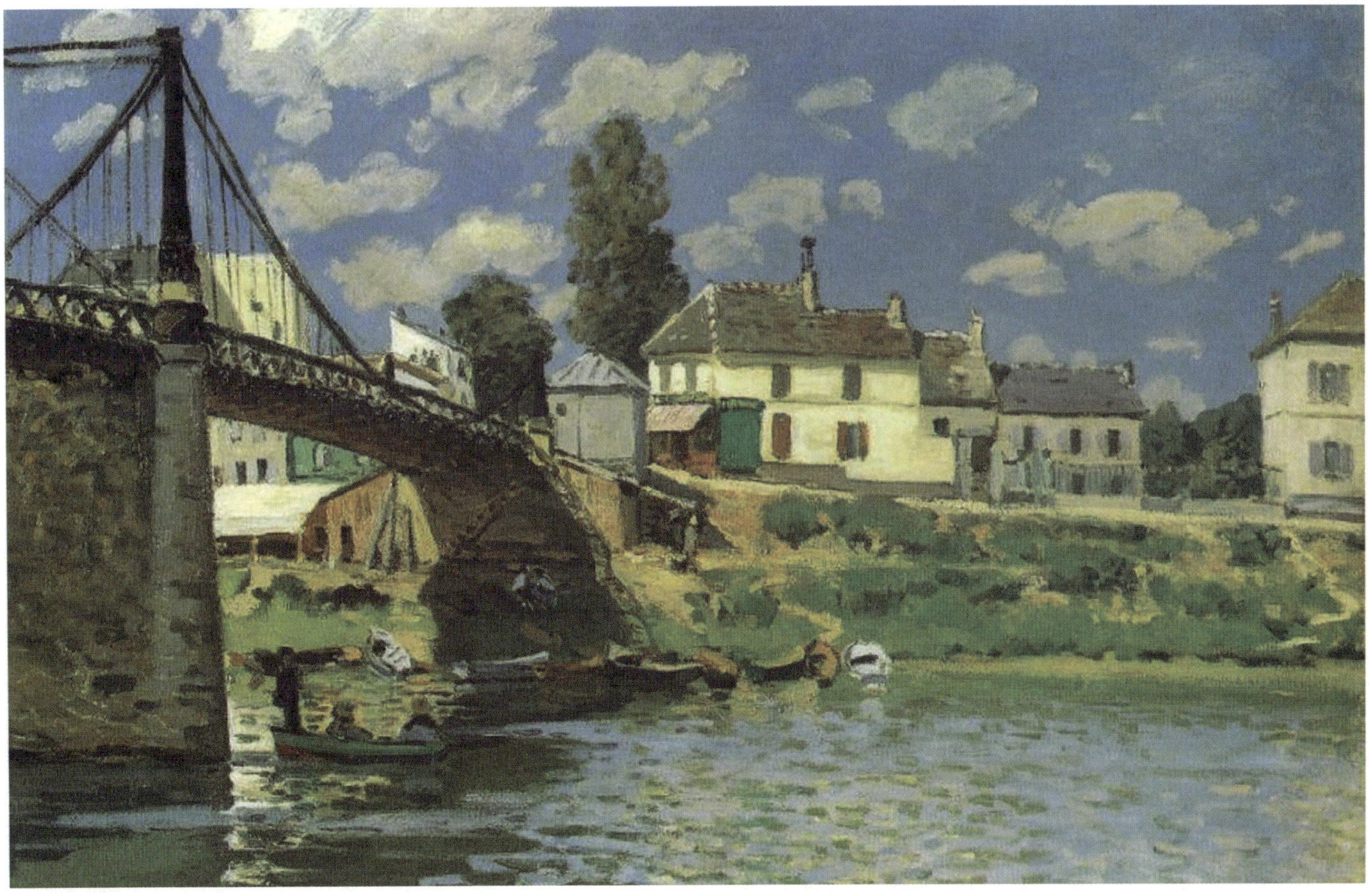

WellBook
Well Life, Well Book

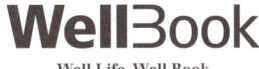

백전백승 DIAT 인터넷 정보검색

초판 2쇄 발행_2015년 3월 2일

지은이 류인정, 웰북수험서개발팀   **발행인** 임종훈
편집인 강성재   **마케팅** 이인규
표지·편집디자인 인투
출력/인쇄 미래상상
주소 서울특별시 영등포구 당산동5가 33-1(양평로 67) 한강포스빌 518호
주문/문의전화 02-6378-0010   **팩스** 02-6378-0011
홈페이지 http://www.iwellbook.com

발행처 도서출판 웰북

ⓒ 도서출판 웰북 2015
ISBN 979-11-86296-08-0 13000

이 책은 저작권법에 따라 보호받는 저작물이므로 무단전재와 무단 복제를 금지하며,
이 책 내용의 전부 또는 일부를 이용하려면 반드시 저작권자와 도서출판 웰북의 서면동의를 받아야 합니다.

* 잘못된 책은 바꾸어 드립니다.

미리보기

DIAT 인터넷 정보검색

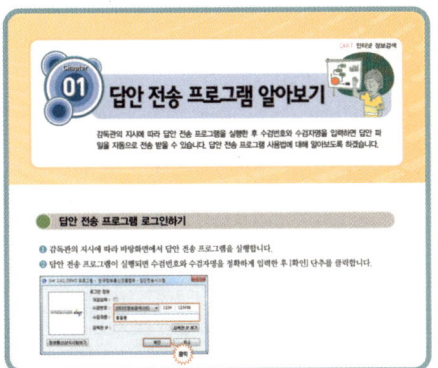

답안 전송 프로그램 알아보기

실제 시험장에서 사용되는 답안 전송 방식을 익히고 검색하여 해결한 답안을 작성하는 방법에 대해 학습하도록 합니다.

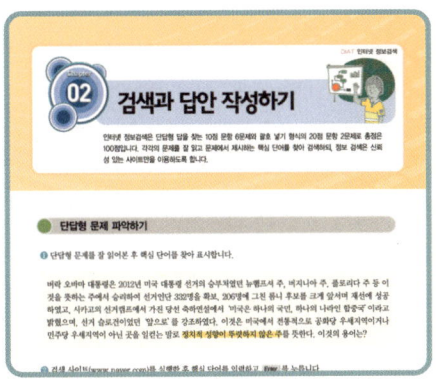

문제 유형 익히기

주어진 시험문제를 해결하기 위해 정보를 검색하는 방법과 답안을 작성하는 방법에 대해 학습하도록 합니다.

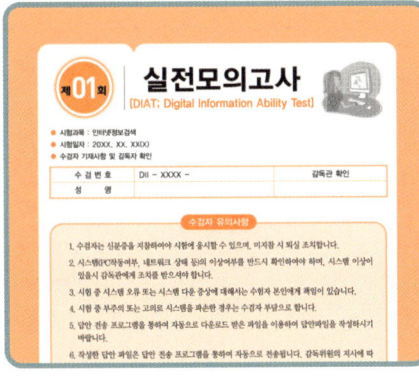

실전모의고사

시험 유형을 철저히 분석한 결과를 바탕으로 실제 기출문제와 동일한 형태의 실전모의고사(20회)를 수록하여 DIAT 시험에 100% 대비할 수 있도록 하였습니다.

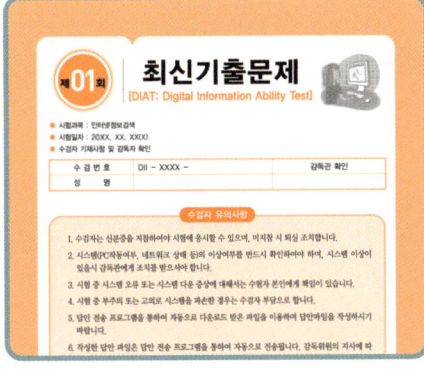

최신기출문제

최신기출문제(10회)를 수록하여 최근 시험 유형을 잘 대비할 수 있도록 하였습니다.

시험 안내 Ⅰ

📡 디지털정보활용능력(DIAT) 자세히 알아보기

"디지털정보활용능력(DIAT)"은?
DIAT(다이어트)는 Digital Information Ability Test(디지털정보활용능력)의 약자로 정보통신 관련 프로그램의 활용능력을 검정하는 자격 시험입니다.

도입 목적 및 필요성
- 디지털 경제시대에 범용의 정보통신 관련 기능의 활용 능력을 객관적이고 종합적으로 평가하고 문제해결 능력을 점수로 등급화하여 정보통신 실무 관리 능력을 인증하고자 도입되었습니다.
- 고급 수준의 정보 활용 능력을 갖출 수 있는 교육훈련에의 참여를 유도하고자 하는 필요성에 의해 만들어졌습니다.

검정기준

등급	검정기준
고급	상기지식과 기술 및 정보처리에 대한 고급 수준의 능력과 OA프로그램을 이용한 정보처리/가공능력을 보유하고 전산업무를 원활하게 처리할 수 있는 능력의 유무
중급	상기지식과 기술 및 정보처리에 대한 일반적인 처리 능력과 웹 페이지에 대한 기본적인 지식 보유, OA프로그램을 일상생활, 학습활동 등에 무리 없이 사용할 수 있는 능력의 유무
초급	컴퓨터와 정보통신 기반기술의 기초적인 지식 및 초급 수준의 정보처리 능력을 갖고 있으며 OA프로그램을 제한적으로 활용할 수 있는 능력의 유무

시험 과목별 문항수

구분	검정분야	과 목	검정방법	제한 시간	배점
1분야	정보통신상식	컴퓨터 이해 정보통신 이해 정보사회 이해	CBT (객관식 사지선다)	과목당 40분	100점
2분야	워드프로세서	한글, MS Word	실기(작업형)		200점
3분야	스프레드시트	MS Excel			200점
4분야	프리젠테이션	MS Powerpoint			200점
5분야	인터넷 정보검색	정보검색			100점
6분야	멀티미디어 제작	이미지 제작 디지털 영상편집			200점

※ 총 6개 과목 중 최대 3개 과목까지 선택

시험 안내 II

DIAT 인터넷 정보검색

합격기준
- 고급 : 해당과제의 80% ~ 100% 해결능력
- 중급 : 해당과제의 60% ~ 79% 해결능력
- 초급 : 해당과제의 40% ~ 59% 해결능력

검정일정
홈페이지(http://www.diat.or.kr)에 접속하시어 [검정안내] – [DIAT 일정]을 참조하세요.

검정수수료 및 검정지역

구분	검정수수료	검정지역
1과목	15,000원	전국(원서 접수시 응시지역 선택 가능)
2과목	25,000원	
3과목	35,000원	

응시자격
학력, 연령, 경력별 제한 사항 없습니다.

접수 방법
해당 자격시험 접수기간 중 센터 홈페이지(http://www.diat.or.kr)로 접속 후, On-Line으로 단체 및 개인별 접수

입금 방법
홈페이지에 고지된 입금기간 내에 지정 금융기관을 통해 인터넷/PC뱅킹이나 무통장 입금 방법 중 하나를 선택 후 검정수수료 입금

조회 방법
수검번호, 입금 여부, 시험장, 합격 여부 등 각종 조회는 센터 홈페이지(http://www.diat.or.kr) 접속 후, [접수/입금] – [접수/입금 확인] 메뉴에서 조회

디지털정보활용능력(DIAT) 혜택
- 각 과목별 생활기록부(교육행정정보시스템, NEIS) 등재
- 대학의 교양필수, 선택과목으로 채택되어 학점인정 및 졸업인증
- 국가기술과 동등한 위치 확보에 따라 기업체, 기관, 행정기관 등의 채용, 승진 및 인사고과시 우대
- 대학입학 전형자료로 활용되는 학생정보소양인증 자격(한국교육학술정보원)

차 례

DIAT 인터넷 정보검색

Part 01 문제 유형 익히기

Chapter 01 답안 전송 프로그램 알아보기 ········· 08
Chapter 02 검색과 답안 작성하기 ············· 10
Chapter 02 혼자 힘으로 해보기 ·············· 18

Part 02 실전모의고사

제 01 회 실전모의고사 ···················· 22
제 02 회 실전모의고사 ···················· 26
제 03 회 실전모의고사 ···················· 30
제 04 회 실전모의고사 ···················· 34
제 05 회 실전모의고사 ···················· 38
제 06 회 실전모의고사 ···················· 42
제 07 회 실전모의고사 ···················· 46
제 08 회 실전모의고사 ···················· 50
제 09 회 실전모의고사 ···················· 54
제 10 회 실전모의고사 ···················· 58
제 11 회 실전모의고사 ···················· 62
제 12 회 실전모의고사 ···················· 66
제 13 회 실전모의고사 ···················· 70
제 14 회 실전모의고사 ···················· 74
제 15 회 실전모의고사 ···················· 78
제 16 회 실전모의고사 ···················· 82
제 17 회 실전모의고사 ···················· 86
제 18 회 실전모의고사 ···················· 90
제 19 회 실전모의고사 ···················· 94
제 20 회 실전모의고사 ···················· 98

Part 03 최신기출문제

제 01 회 최신기출문제 ···················· 104
제 02 회 최신기출문제 ···················· 108
제 03 회 최신기출문제 ···················· 112
제 04 회 최신기출문제 ···················· 116
제 05 회 최신기출문제 ···················· 120
제 06 회 최신기출문제 ···················· 124
제 07 회 최신기출문제 ···················· 128
제 08 회 최신기출문제 ···················· 132
제 09 회 최신기출문제 ···················· 136
제 10 회 최신기출문제 ···················· 140

Part 04 정답 및 해설

정답 및 해설 ························· 146

DIAT 인터넷 정보검색

Part 01 문제 유형 익히기

Chapter 01   답안 전송 프로그램 알아보기
Chapter 02   검색과 답안 작성하기
Chapter 03   혼자 힘으로 해보기

Digital Information Ability Test

Chapter 01 답안 전송 프로그램 알아보기

감독관의 지시에 따라 답안 전송 프로그램을 실행한 후 수검번호와 수검자명을 입력하면 답안 파일을 자동으로 전송 받을 수 있습니다. 답안 전송 프로그램 사용법에 대해 알아보도록 하겠습니다.

답안 전송 프로그램 로그인하기

❶ 감독관의 지시에 따라 바탕화면에서 답안 전송 프로그램을 실행합니다.
❷ 답안 전송 프로그램이 실행되면 수검번호와 수검자명을 정확하게 입력한 후 [확인] 단추를 클릭합니다.

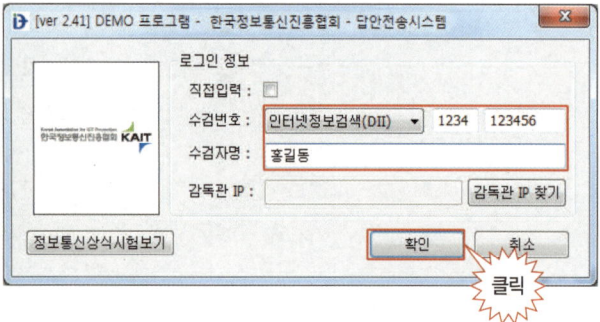

❸ 수검자 유의사항을 확인한 후 Enter 를 눌러 시험을 시작합니다.

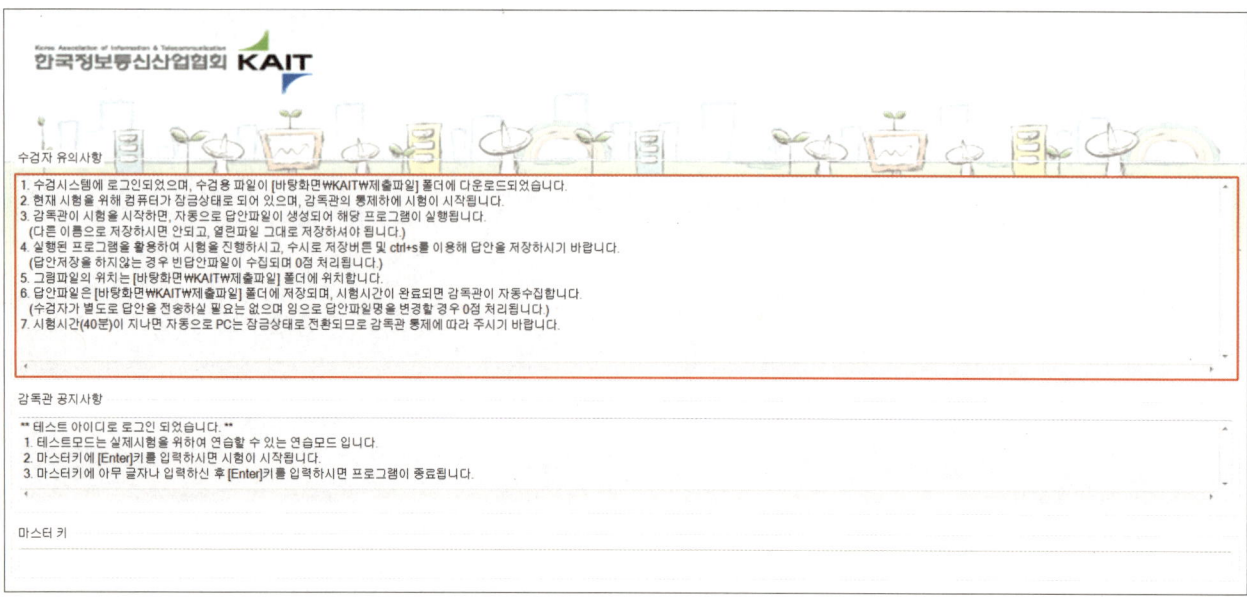

❹ 작성해야 할 답안 파일이 실행되면 수검번호와 성명을 정확하게 입력하고 Alt + S 를 눌러 저장합니다.

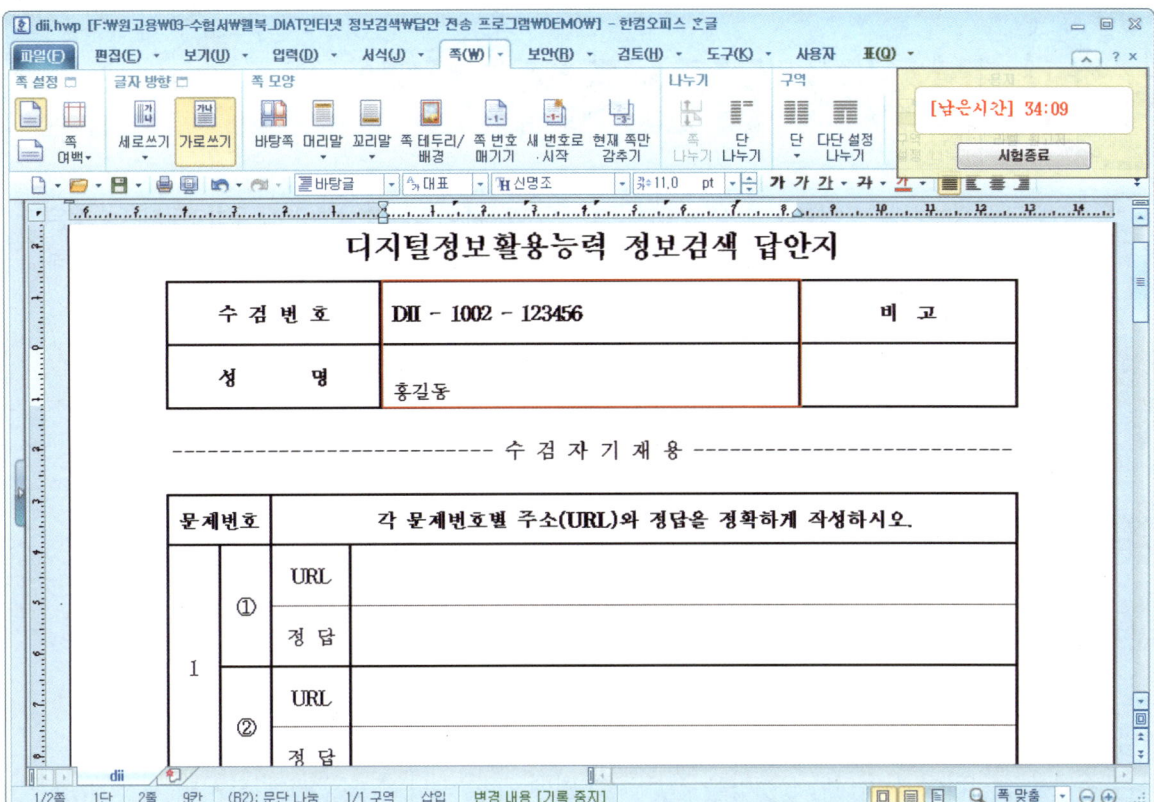

- 수검자는 컴퓨터의 이상여부(작동 이상, 네트워크 이상 등)를 반드시 확인한 후 이상이 있을 경우 감독관의 조치를 받도록 합니다.
- 시험장에서는 감독관에 의해 시험이 시작되며, 답안 파일은 시험 종료 후 감독관에게 자동으로 전송됩니다.
- 시험시간(40분)이 지나면 자동으로 PC는 잠금 상태로 전환되므로 감독관 통제에 따라 주시기 바랍니다.
- 답안 파일의 경우 절대 다른 이름으로 저장하지 말고 수시로  를 눌러 저장하도록 합니다.

Chapter 02 검색과 답안 작성하기

인터넷 정보검색은 단답형 답을 찾는 10점 문항 6문제와 괄호 넣기 형식의 20점 문항 2문제로 총점은 100점입니다. 각각의 문제를 잘 읽고 문제에서 제시하는 핵심 단어를 찾아 검색하되, 정보 검색은 신뢰성 있는 사이트만을 이용하도록 합니다.

단답형 문제 파악하기

❶ 단답형 문제를 잘 읽어본 후 핵심 단어를 찾아 표시합니다.

> 버락 오바마 대통령은 2012년 미국 대통령 선거의 승부처였던 뉴햄프셔 주, 버지니아 주, 플로리다 주 등 이것을 뜻하는 주에서 승리하여 선거인단 332명을 확보, 206명에 그친 롬니 후보를 크게 앞서며 재선에 성공하였고, 시카고의 선거캠프에서 가진 당선 축하연설에서 '미국은 하나의 국민, 하나의 나라인 합중국'이라고 밝혔으며, 선거 슬로건이었던 '앞으로'를 강조하였다. 이것은 미국에서 전통적으로 공화당 우세지역이거나 민주당 우세지역이 아닌 곳을 일컫는 말로 정치적 성향이 뚜렷하지 않은 주를 뜻한다. 이것의 용어는?

❷ 검색 사이트(www.naver.com)를 실행한 후 핵심 단어를 입력하고 Enter 를 누릅니다.

❸ 검색된 목록에서 신뢰성 있는 사이트(공식 웹 페이지, 뉴스, 백과사전, 용어사전 등)를 찾아 클릭합니다.

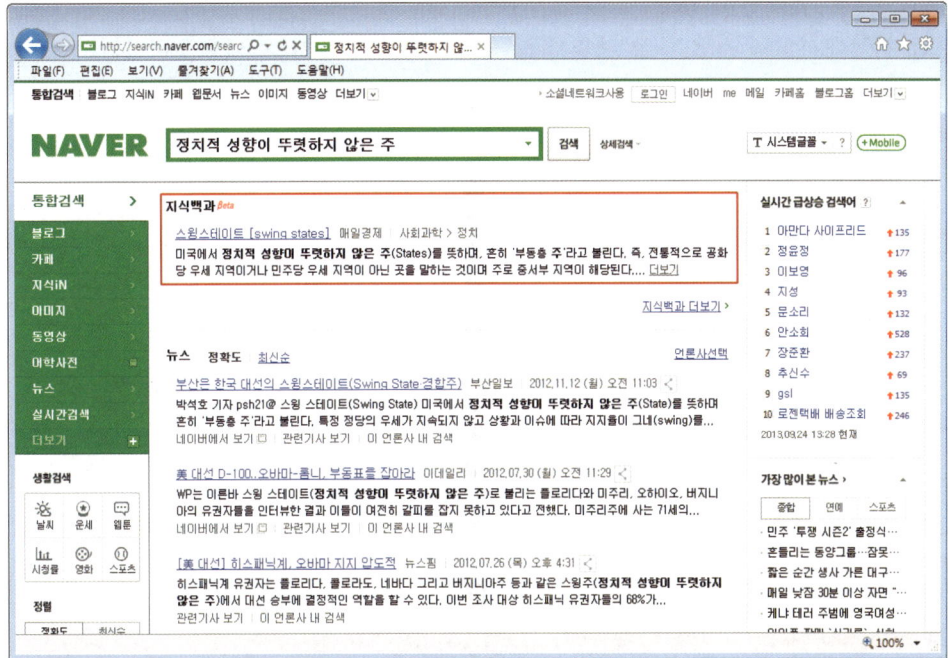

❹ 웹 페이지에서 문제의 정답이 있는지 확인합니다.

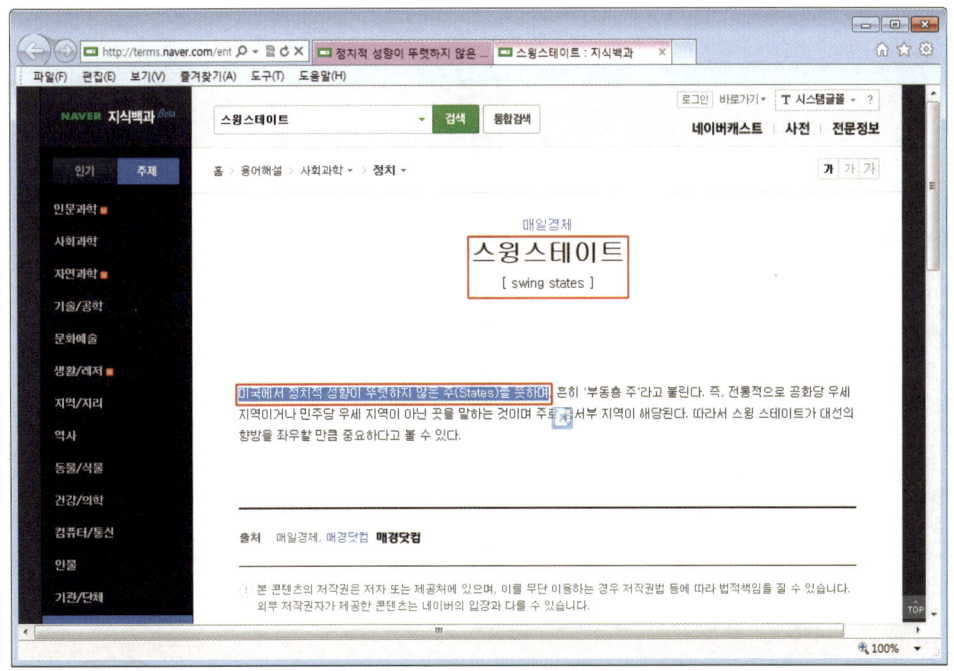

- 정보 검색은 반드시 신뢰성 있는 사이트(공식 웹페이지, 뉴스, 백과사전, 용어사전 등)를 이용해야 합니다.
- 포털의 카페, 블로그, 지식검색, 댓글, 소셜네트워크 등에서 검색한 정보는 정답으로 인정되지 않습니다.
- 특정 검색 사이트로 검색이 되지 않을 경우 다른 검색 사이트를 이용하도록 합니다.

단답형 문제 답안 작성하기

❶ 문제의 정답을 찾은 경우 정답 위치에서 마우스 오른쪽 단추를 눌러 [속성] 바로 가기 메뉴를 클릭합니다.

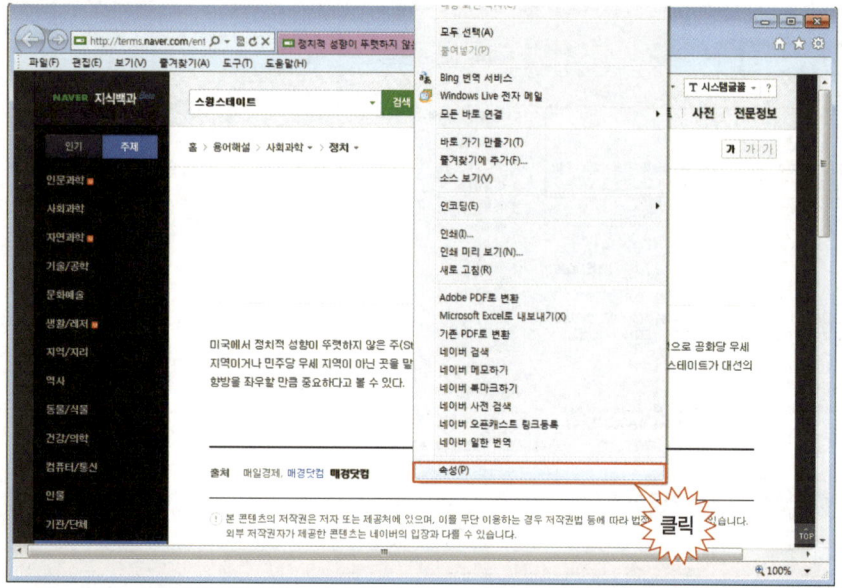

❷ '주소(URL)' 항목에서 웹 페이지 주소 영역을 마우스로 드래그한 후 마우스 오른쪽 단추를 눌러 [복사] 바로 가기 메뉴를 클릭합니다.

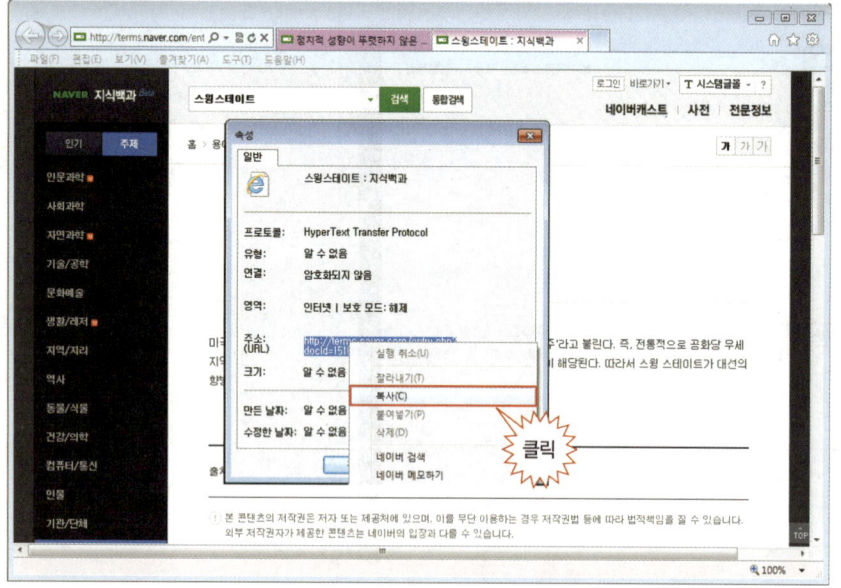

- 주소(URL)를 복사할 때에는 반드시 정답의 내용이 있는 웹 페이지에서 마우스 오른쪽 단추를 눌러야 하며, 특정 이미지나 메뉴 등에서 마우스 오른쪽 단추를 누르지 않도록 조심해야 합니다.
- 검색 사이트의 웹 페이지 검색에서 [미리보기]에 해당하는 URL을 기재한 경우 오답처리 될 수 있으니 반드시 마우스 오른쪽 단추를 눌러 [등록 정보] 또는 [속성] 대화상자에서 경로를 복사해야 합니다.

❸ 답안 파일에서 문제의 'URL' 입력 부분에 커서를 놓은 후 마우스 오른쪽 단추를 눌러 [붙여넣기]를 클릭하고 '정답' 입력 부분에 정답을 입력합니다.

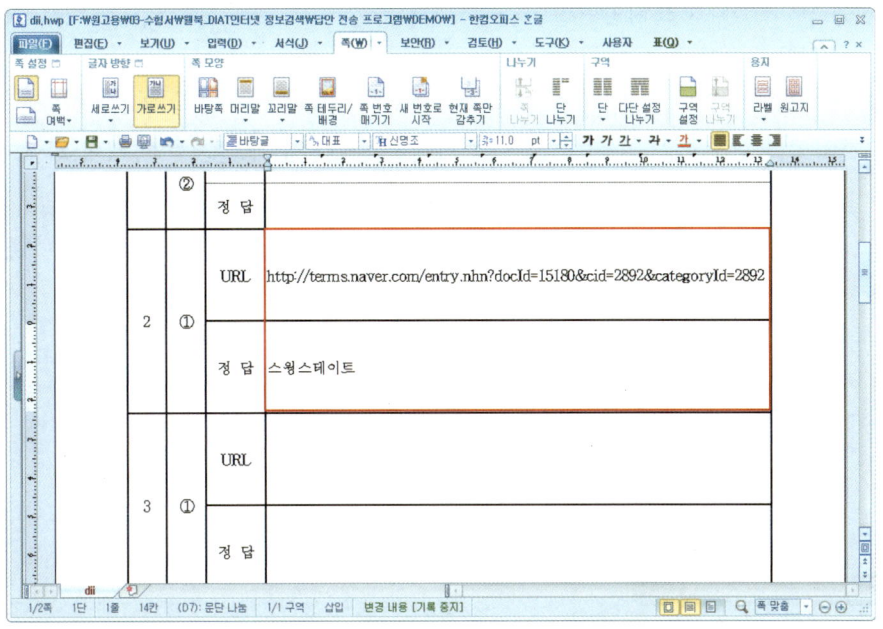

❹ 붙여넣기한 주소의 마지막에 커서를 놓은 후 Space Bar 를 한번 눌러 주소에 하이퍼링크가 생기면 클릭하여 답안이 있는 사이트로 연결되는지 확인합니다.

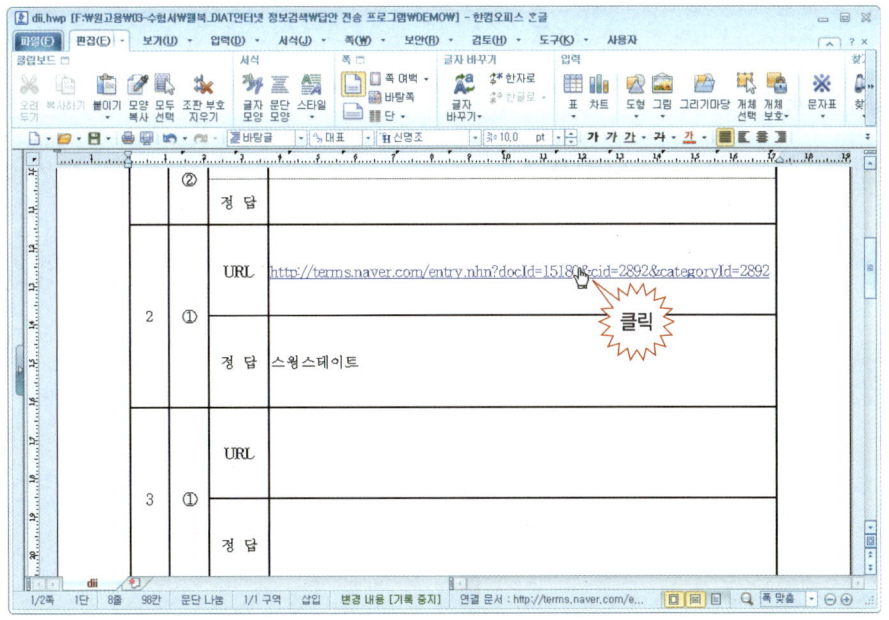

- 문제에서 요구한 답을 찾은 경우 문제 번호와 동일한 답안 파일 항목에 주소(URL)와 정답을 입력하도록 합니다.
- 답안 파일에 주소(URL)를 붙여넣기 한 후에는 Space Bar 를 한번 눌러 주소를 클릭하거나, 주소를 복사하여 인터넷 웹 사이트의 주소 표시줄에 붙여넣기하여 사이트가 연결되는지 확인하도록 합니다.

괄호 넣기 첫 번째 문제 파악하기

❶ 괄호 넣기 문제를 잘 읽어본 후 핵심 단어를 찾아 표시합니다.

1990년 11월 설립된 서울방송(SBS ; Seoul Broadcasting System)은 1991년 3월에 라디오 방송과 12월에는 TV 방송을 차례로 송출하기 시작하였다. (①)년 3월 (주)SBS로 사명을 변경하고 현재는 총 7개의 채널을 운영하고 있다. SBS를 상징하며 곰을 바탕으로 한 즐겁고 따뜻한 세상을 꿈꾸는 "믿음직한 친구"라는 의미의 공식 캐릭터인 (②)은/는 2004년 박수동 화백에 의해 탄생하였고 2012년에 더 귀엽고 사랑스러운 새로운 형태의 캐릭터로 업그레이드 하였다.

❷ 검색 사이트(www.naver.com)를 실행한 후 핵심 단어를 입력하고 Enter 를 누릅니다.

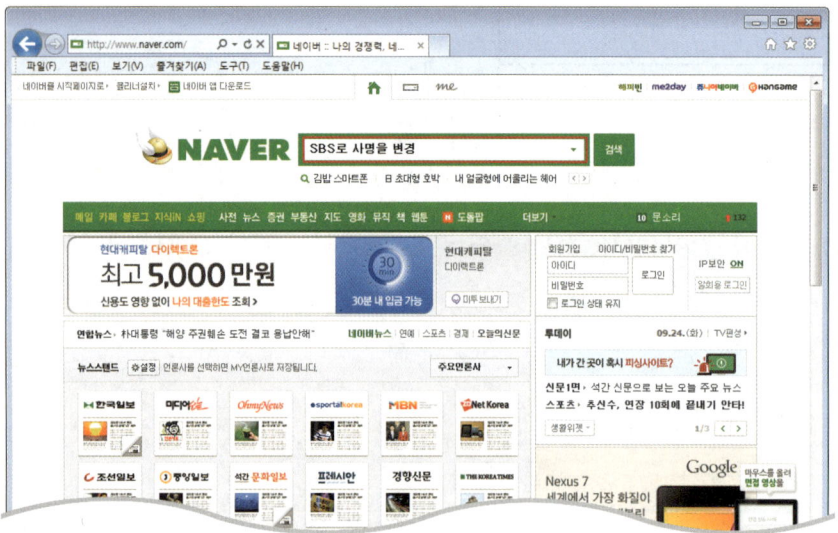

❸ 검색된 목록에서 신뢰성 있는 사이트(공식 웹 페이지, 뉴스, 백과사전, 용어사전 등)를 찾아 정답이 있는지 확인합니다.

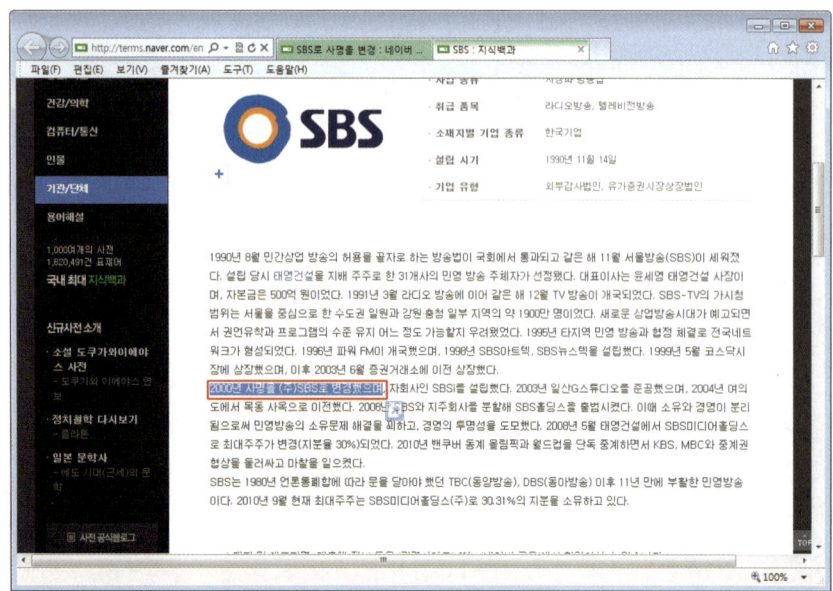

괄호 넣기 첫 번째 문제 답안 작성하기

❶ 정답 위치에서 마우스 오른쪽 단추를 눌러 [속성] 바로 가기 메뉴를 클릭합니다.

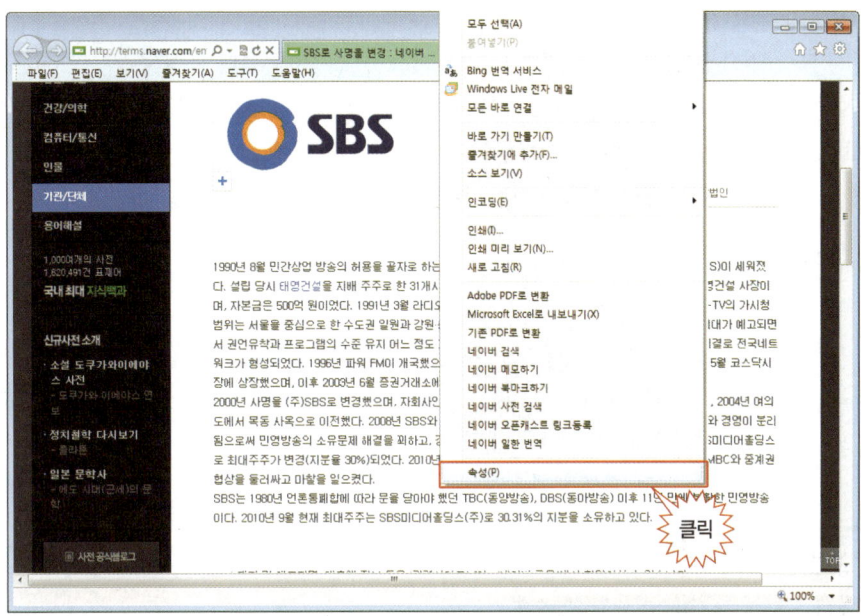

❷ '주소(URL)' 항목에서 웹 페이지 주소 영역을 마우스로 드래그한 후 마우스 오른쪽 단추를 눌러 [복사] 바로 가기 메뉴를 클릭합니다.

❸ 답안 파일에서 문제의 첫 번째 'URL' 입력 부분에 커서를 놓은 후 마우스 오른쪽 단추를 눌러 [붙여넣기]를 클릭하고 '정답' 입력 부분에 정답을 입력합니다.

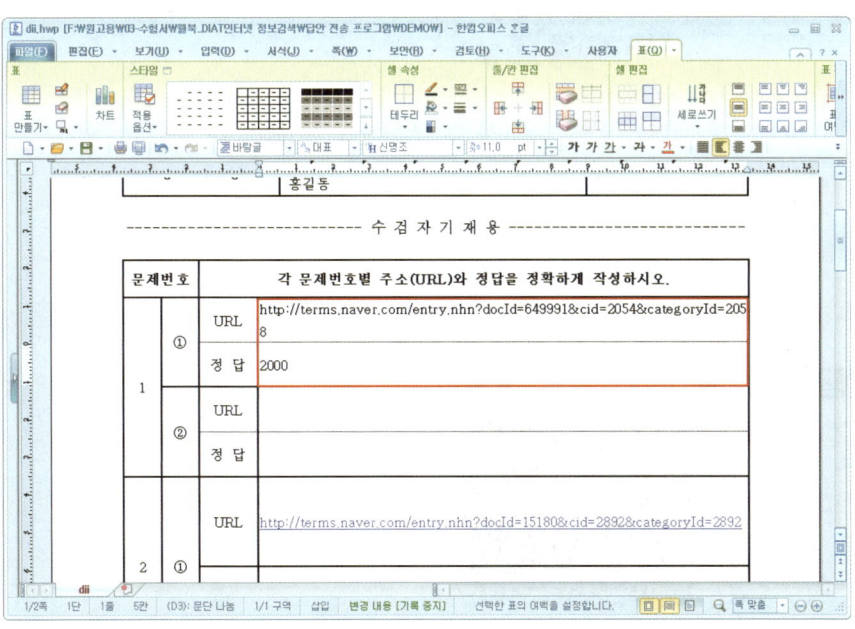

❹ 붙여넣기한 주소의 마지막에 커서를 놓은 후 Space Bar 를 한번 눌러 주소에 하이퍼링크가 생기면 클릭하여 답안이 있는 사이트로 연결되는지 확인합니다.

괄호 넣기 두 번째 문제 파악하기

❶ 괄호 넣기 문제를 잘 읽어본 후 핵심 단어를 찾아 표시합니다.

> 1990년 11월 설립된 서울방송(SBS ; Seoul Broadcasting System)은 1991년 3월에 라디오 방송과 12월에는 TV 방송을 차례로 송출하기 시작하였다. (①)년 3월 (주)SBS로 사명을 변경하고 현재는 총 7개의 채널을 운영하고 있다. SBS를 상징하며 곰을 바탕으로 한 즐겁고 따뜻한 세상을 꿈꾸는 "믿음직한 친구"라는 의미의 공식 캐릭터인 (②)은/는 2004년 박수동 화백에 의해 탄생하였고 2012년에 더 귀엽고 사랑스러운 새로운 형태의 캐릭터로 업그레이드 하였다.

❷ 검색 사이트(www.naver.com)를 실행한 후 핵심 단어 몇 개를 입력하고 Enter 를 누릅니다.

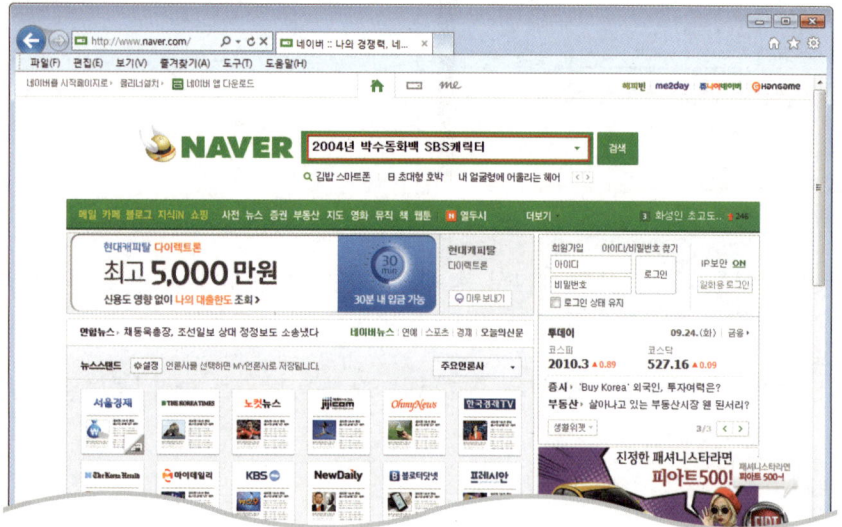

❸ 검색된 목록에서 신뢰성 있는 사이트(공식 웹 페이지, 뉴스, 백과사전, 용어사전 등)를 찾아 정답이 있는지 확인합니다.

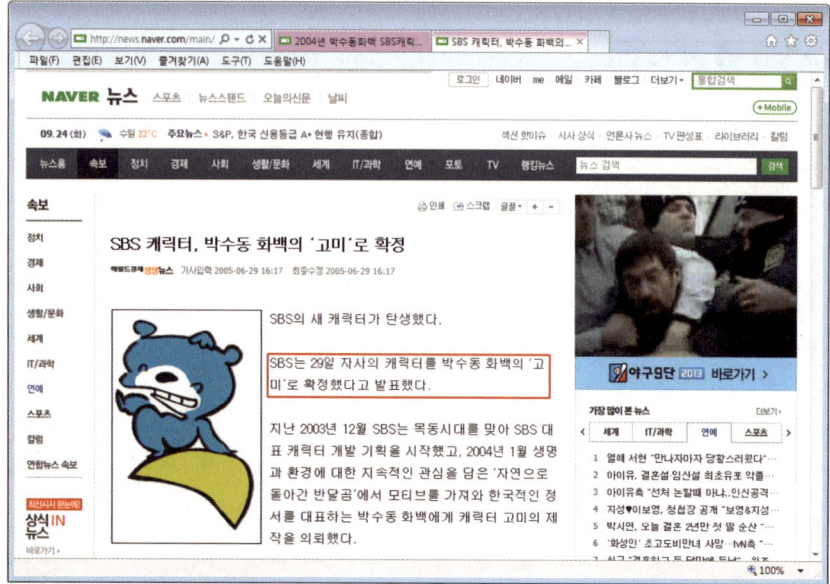

괄호 넣기 두 번째 문제 답안 작성하기

❶ 정답 위치에서 마우스 오른쪽 단추를 눌러 [속성] 바로 가기 메뉴를 클릭합니다.

❷ '주소(URL)' 항목에서 웹 페이지 주소 영역을 마우스로 드래그한 후 마우스 오른쪽 단추를 눌러 [복사] 바로 가기 메뉴를 클릭합니다.

❸ 답안 파일에서 문제의 두 번째 'URL' 입력 부분에 커서를 놓은 후 마우스 오른쪽 단추를 눌러 [붙여넣기]를 클릭하고 '정답' 입력 부분에 정답을 입력합니다.

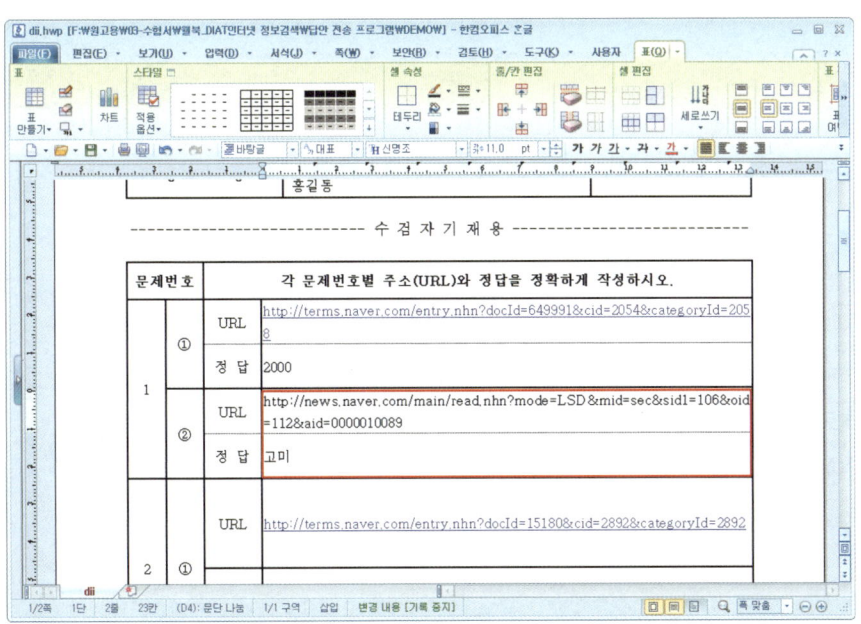

❹ 붙여넣기한 주소의 마지막에 커서를 놓은 후 Space Bar 를 한번 눌러 주소에 하이퍼링크가 생기면 클릭하여 답안이 있는 사이트로 연결되는지 확인합니다.

Chapter 03 혼자 힘으로 해보기

문제를 꼼꼼히 읽어본 후 핵심이 되는 단어를 표시한 후 해당 단어를 이용해 검색을 합니다. 이때 검색이 되지 않을 때에는 다른 단어를 이용하거나 여러 개의 단어를 혼합하여 검색을 할 수도 있습니다.

스스로 01

명왕성은 1930년대 미국의 천문학자가 발견한 이후 1978년 명왕선 주변에서 카론 등의 위성이 발견되어 행성으로의 입지가 확고해졌다. 그러나 망원경의 성능이 좋아지면서 1990년대 명왕성 주위에서 명왕성과 크기가 비슷한 물체들이 다수 관측되었으며 또한 미국 캘리포니아 공대 마이클 브라운 교수가 명왕성보다 크기가 큰 이것을 발견하여 태양계의 11번째 행성으로 등록되기를 희망하자 결국 2006년 국제천문연맹에서 태양계의 행성에 대한 분류법을 새로 개정하였다. 이것의 이름은?

정답	

스스로 02

1960년대 우리나라는 식량의 자급과 산림의 녹화를 통하여 이것의 세계적인 성공사례로 널리 알려져 있다. 이것은 농업상의 여러 개혁으로 우리나라를 비롯한 개발도상국의 심각한 문제였던 식량생산량의 문제와 농어촌의 빈곤문제를 함께 해결하는데 결정적인 역할을 하였으며, 농림업에 종사하는 사람들의 자식에 대한 높은 교육열을 뒷받침할 수 있는 재원 마련의 기회를 확대하였다. 산업 인력의 양적 확대와 노동력의 질적 향상으로 이어져, 우리나라가 경제 강국으로 성장하는 기초가 된 이것은?

정답	

스스로 03

이것은 인사고과나 면접 시에 주로 발생하는 현상으로 면접대상의 외적 특징을 잡으면 그 특징으로부터 연상되는 고정관념에 따라 대상을 완전히 이해한 것으로 착각하게 하며, 눈에 띄는 것이 그 대상의 전부인 것처럼 인식하는 오류를 말한다. 이것은 평가가 완전히 달라지게 만드는 심리현상의 대표적인 것으로 국제 영화제에서 '피에타' 가 황금사자상을 받지 않았다면 그 많은 사람들이 보았을까 라고 생각을 해 볼 수 있다. 또한 인사고과나 면접시 유학이라는 단어 하나가 주는 영향력을 보아도 알 수 있는 이것은?

정답	

스스로 04

다양한 형태의 미디어 매체를 접할 수 있는 요즘, 드라마, 영화 등 스토리를 가지고 있는 작품들이 무수히 많다. 하나의 완성작품을 만들어 내기 위해서 여러 가지 기술이 필요하며 그 중 이야기의 장면을 잇는 기술의 하나로 회상장면에 주로 쓰이는 이것은 이야기가 순차적으로 전개되고 있는 도중 갑자기 다른 장면으로 넘어가도록 하는데, 과거의 기억을 떠올리는 느낌, 회상장면 등으로 자주 표현된다. 예를 들면 주인공이 친구와 대화를 나누면서 과거에 있었던 일을 이야기 할 때 흔히 볼 수 있는 이것은?

정답	

스스로 05

PC의 각종 부품이 장착되는 기판을 메인보드라고 한다. 메인보드는 이것과 CPU 소켓, 메모리 소켓, E-IDE/S-ATA 연결 단자, 그래픽카드 슬롯, 확장 슬롯 등으로 이루어져 있으며, 다른 여러 장치들이 원활하게 데이터를 주고받을 수 있도록 통로를 제공하는 역할을 한다. 그 중 이것은 CPU와 메모리, 그리고 그래픽 등의 주요 부품을 제어하는 역할을 하는 메인보드의 핵심 부품이다. 노스브리지와 사우스브리지 두 종류로 이루어진 이것은?

정답	

스스로 06

세계 각국에는 뚜렷이 증명할 수 없는 특이한 문화유산이 많다. 그 중 유럽에 흩어져 있는 수많은 문화유산 가운데 세계적으로 보기 드문 특이한 고대 돌 문화를 엿볼 수 있는 이것은 아직도 미스터리한 점이 많은 곳이다. 세워진 곳 주변은 아무리 살펴보아도 커다란 돌이나 산을 찾아볼 수 없는 곳으로, 이 돌을 어디서 어떻게 옮겼는지 아직까지도 풀리지 않고 있다. 대사암을 30개 세운 후 그 위에 돌을 가로로 눕혀 원을 그리도록 배치하고 안쪽은 작고 모양이 불규칙한 돌을 사용해 만든 이것은?

| 정답 | |

스스로 07

페르디난트 2세의 반 종교개혁에 대하여 독일에서 시작되어 유럽의 여러 나라들이 참여한 30년 전쟁의 결과 유럽에서는 종교의 정치적 개입을 최소화시키면서 신성로마제국과 카톨릭교회의 세력을 급속도로 무너뜨렸으며, 반대로 유럽의 근대화와 절대주의 국가의 발전에 지대한 영향을 미쳤다. 이 전쟁을 마무리 짓기 위해서 체결한 이 조약으로 인하여 종교의 자유가 주어졌으며, 스위스와 네덜란드를 독립시키면서 에스파냐의 서유럽 영향권을 약화시킨 대신 프랑스의 영향력이 강화되었다. 이 조약의 이름은?

| 정답 | |

스스로문제 정답

01 에리스; eris
02 녹색혁명; Green revolution
03 후광효과; 헤일로 효과; Halo Effect
04 플래시백; flashback
05 칩셋; Chipset
06 스톤헨지; Stonehenge
07 베스트팔렌조약; Peace of Westfalen

DIAT 인터넷 정보검색

Part 02 실전 모의고사

제01회 실전모의고사   제11회 실전모의고사
제02회 실전모의고사   제12회 실전모의고사
제03회 실전모의고사   제13회 실전모의고사
제04회 실전모의고사   제14회 실전모의고사
제05회 실전모의고사   제15회 실전모의고사
제06회 실전모의고사   제16회 실전모의고사
제07회 실전모의고사   제17회 실전모의고사
제08회 실전모의고사   제18회 실전모의고사
제09회 실전모의고사   제19회 실전모의고사
제10회 실전모의고사   제20회 실전모의고사

Digital Information Ability Test

제 01 회 실전모의고사
[DIAT; Digital Information Ability Test]

- 시험과목 : 인터넷정보검색
- 시험일자 : 20XX. XX. XX(X)
- 수검자 기재사항 및 감독자 확인

수 검 번 호	DII - XXXX -	감독관 확인
성 명		

수검자 유의사항

1. 수검자는 신분증을 지참하여야 시험에 응시할 수 있으며, 미지참 시 퇴실 조치합니다.
2. 시스템(PC작동여부, 네트워크 상태 등)의 이상여부를 반드시 확인하여야 하며, 시스템 이상이 있을시 감독관에게 조치를 받으셔야 합니다.
3. 시험 중 시스템 오류 또는 시스템 다운 증상에 대해서는 수험자 본인에게 책임이 있습니다.
4. 시험 중 부주의 또는 고의로 시스템을 파손한 경우는 수검자 부담으로 합니다.
5. 답안 전송 프로그램을 통하여 자동으로 다운로드 받은 파일을 이용하여 답안파일을 작성하시기 바랍니다.
6. 작성한 답안 파일은 답안 전송 프로그램을 통하여 자동으로 전송됩니다. 감독위원의 지시에 따라 주시기 바랍니다.
7. 다음사항의 경우 실격(0점) 혹은 부정행위 처리됩니다.
   1) 답안을 저장하지 않았거나, 저장한 파일이 손상되었을 경우
   2) 답안파일을 다른 보조 기억장치(디스켓, USB) 혹은 네트워크(메신저, 게시판 등)로 전송할 경우
   3) 휴대용 전화기 등 통신장비를 사용할 경우
8. 시험의 완료는 작성이 완료된 답안을 저장하고, 답안 전송이 완료된 상태를 확인한 것으로 합니다. 답안 전송 확인 후 문제지는 감독위원에게 제출한 후 퇴실하여야 합니다.
9. 답안전송이 완료된 경우에는 수정 또는 정정이 불가능합니다.
10. 시험시행 후 문제 공개 및 합격자 발표는 홈페이지(www.diat.or.kr)에서 확인하시기 바랍니다.
    1) 문제 및 정답 공개 : 20XX. XX. XX(X)
    2) 합격자 발표 : 20XX. XX. XX(X)

디지털정보활용능력 — 인터넷정보검색 [시험시간 : 40분]

유의사항

- 답안지 파일에 수검번호, 성명을 정확히 기재하여 주십시오.
- 답안지의 URL란에는 반드시 정답의 내용이 나타나는 웹 페이지의 절대경로를 기재하고, 한 개의 URL만 기재하십시오.
  (만일 프레임구조의 웹 페이지에서 주소 표시줄에 나타나는 URL만으로는 정답이 위치한 하부의 페이지를 찾을 수 없을 경우 정답으로 인정하지 않음)
  ※ 절대경로란? : 해당 웹 페이지에서 마우스 오른쪽 버튼을 클릭한 후 [등록 정보] 또는 [속성] 항목을 선택한 화면에 나타나는 주소(URL)
- 검색엔진의 '웹페이지' 검색에서 [미리보기]에 해당하는 URL을 기재한 경우 오답 처리됩니다.
- 회원가입 및 등업 후 내용 확인이 가능한 포털의 카페, 블로그, 지식검색, 댓글, 소셜 네트워크 등의 URL은 정답으로 인정되지 않습니다.
- 첨부파일에서 답안을 찾은 경우 첨부파일까지의 URL을 정확히 기재하지 않은 경우 오답 처리됩니다.
  (예 : http://www.diat.or.kr/aa.hwp - 정답)

문제1

지구 온난화로 인한 이상기후현상이 세계적인 문제로 부각됨에 따라 1997년 12월 일본에서 개최된 기후변화협약 제 3차 당사국총회에서 (①)이/가 채택되었다. (①)에 따르면 오스트레일리아, 캐나다, 일본, 유럽연합 등 총 38개의 회원국은 2008년 ~ 2012년 사이에 이산화탄소, 수소화불화탄소, 불화유황 등 여섯 가지 온실가스의 총 배출량을 1990년 수준보다 5.2% 감축하여야 한다. (①)이/가 채택되기 까지 개발도상국과 선진국의 의견대립이 있었으나 결국 (②)년 2월 16일 공식 발효되어 진행되고 있다.

배점 : ① 10점　　　② 10점

문제2

정부는 여성 근로자의 경제활동을 보장하고자 보육시설 확충, 방과 후 아동보육 활성화, 육아휴직제 정착 등의 다양한 시책을 꾸준하게 추진하고 있다. 이에 따라 1995년 12월 여성발전기본법이 제정되었으며 법령을 기념하기 위해 매년 7월 1일부터 7일까지를 이것으로 선정했으나 통계청이 발표한 '2011 통계로 보는 여성의 삶' 보고서에서는 여성의 경제활동 저하시점이 20대 후반에서 30대 초반으로 이동하였으나 여전히 여성이 일과 가정을 동시에 하기엔 어렵다는 것을 보여주고 있다. 이것의 명칭은?

배점 : 10점

디지털정보활용능력
인터넷정보검색 [시험시간 : 40분]

문제3

이 사람은 크로아티아에서 태어난 학자로 전자기학 발전의 중심인물로 교류시스템의 기초를 형성하였다. 세계적인 발명가 에디슨의 직류시스템으로 인해 교류시스템은 처음에는 크게 인정받지 못하였지만 나이아가라 폭포에 세워진 수력발전소에 교류시스템이 채택되면서 그 효용성이 널리 알려지게 되었다. 1891년 6월 23일 전기 조명 시스템으로 미국 특허를 획득하는 등 총 25개국에서 272개의 특허를 획득한 세기의 발명가로 인정받고 있으며 세르비아의 100디나르 지폐에 그려져 있기도 하다. 이 사람의 이름은?

배점 : 10점

문제4

댄스스포츠의 하나인 이것은 스페인에서 처음 탄생하였다. 스페인하면 가장 먼저 떠오르는 투우는 투우사의 열정을 담은 스포츠이며 역동적인 모습을 기초로 한 이것으로 다른 댄스스포츠에 비해 대중들에게 널리 알려지지 않았다. 남녀가 짝을 지어 8분의 6박자라는 빠른 템포로 진행되며 남자는 투우사의 역할을 하고 여자는 황소나 투우사의 빨강 망토 역할을 하기 때문에 붉은 색 의상을 주로 입는다. 일반적으로 투우장에서의 행진곡으로 연주되기도 하는 이 춤의 명칭은?

배점 : 10점

문제5

강원도 평창은 2010년 동계올림픽 개최 후보도시로 최종 결정된 후 올림픽 유치를 위해 힘썼으나 2003년 7월 IOC총회 최종투표에서 유치에 실패하였으며 2014년 동계올림픽 유치를 위한 두 번째 도전에서도 2차 투표에서 러시아의 소치에 4표 차이로 아쉽게 떨어지고 말았다. 이후 평창은 2018년 동계올림픽 유치를 위한 세 번째 노력의 결과 2011년 7월 6일 남아프리카공화국의 더반에서 열린 제123차 IOC총회에서 가장 많은 표를 받아 유치가 확정되었으며 대한민국 최초의 동계올림픽 개최도시로 자리매김 하였다. 평창이 받은 표의 수는?

배점 : 10점

디지털정보활용능력 인터넷정보검색 [시험시간 : 40분]

문제6

우리나라는 2011년 11월에 열린 제 6차 유네스코 무형유산위원회에서 택견, 한산모시짜기, 줄타기를 등재시키며 총 14종의 인류무형문화유산을 보유하게 되었다. 이중 택견은 세계 전통무예 가운데 처음으로 등재 되었다는 의의를 가지고 있다. 중요무형문화재 제14호인 한산모시짜기의 기능보유자는 방연옥이며, 줄타기의 기능보유자는 김대균이다. 우리나라는 무형문화재를 관리/보호하고자 유네스코의 승인을 얻어 아태무형문화유산전당을 건립하고 있으며 인류무형문화유산의 주도적인 역할을 하고 있다. 줄탈기 김대균의 중요무형문화재 호수는?

배점 : 10점

문제7

음력 6월 보름은 유두 또는 소두, 수두라고도 하는데 신라 때부터 이어 온 우리 고유의 명절로서, 새로 난 과일과 곡식을 조상에게 바치는 제례를 왕실과 양반가에서 올리고 동쪽으로 흐르는 물에 머리를 감고 목욕을 하는 물맞이를 하였다. 또한 여름을 이기기 위한 방법으로 호박전과 화채, 밀전병, 밀국수, 만두 등을 만들어 먹었다. 이중 햇보리나 멥쌀 흰떡을 데쳐 꿀물이나 오미자에 띄워 시원하게 먹는 화채를 (①)이라 하며 이러한 세시풍습에 관한 내용은 1849년 조선시대의 학자 홍석모가 쓴 (②)에 기록되어있다.

배점 : ① 10점   ② 10점

문제8

러시아 카스피해에 주로 서식하지만 중국, 일본, 이란을 비롯한 우리나라 연안에서도 서식하는 철갑상어는 몸에 5개의 세로줄이 있는 물고기이다. 산란기는 5~9월이며 철갑상어의 알을 소금에 절인 이것은 세계의 진미로 알려져 있으나 UN에 의해 멸종위기 어종으로 지정되어 국제간 거래가 제한되고 있다. 이것의 종류는 상어의 종류에 따라 벨루가, 오세트라, 세브루가로 나뉘며 이중 카스피해에서 생산되는 이것은 최상품으로 여겨지며 시장에서 매우 비싼 가격으로 거래되고 있다. 이것의 명칭은?

배점 : 10점

실전모의고사
[DIAT; Digital Information Ability Test]

- 시험과목 : 인터넷정보검색
- 시험일자 : 20XX. XX. XX(X)
- 수검자 기재사항 및 감독자 확인

수 검 번 호	DII - XXXX -	감독관 확인
성 명		

수검자 유의사항

1. 수검자는 신분증을 지참하여야 시험에 응시할 수 있으며, 미지참 시 퇴실 조치합니다.
2. 시스템(PC작동여부, 네트워크 상태 등)의 이상여부를 반드시 확인하여야 하며, 시스템 이상이 있을시 감독관에게 조치를 받으셔야 합니다.
3. 시험 중 시스템 오류 또는 시스템 다운 증상에 대해서는 수험자 본인에게 책임이 있습니다.
4. 시험 중 부주의 또는 고의로 시스템을 파손한 경우는 수검자 부담으로 합니다.
5. 답안 전송 프로그램을 통하여 자동으로 다운로드 받은 파일을 이용하여 답안파일을 작성하시기 바랍니다.
6. 작성한 답안 파일은 답안 전송 프로그램을 통하여 자동으로 전송됩니다. 감독위원의 지시에 따라 주시기 바랍니다.
7. 다음사항의 경우 실격(0점) 혹은 부정행위 처리됩니다.
    1) 답안을 저장하지 않았거나, 저장한 파일이 손상되었을 경우
    2) 답안파일을 다른 보조 기억장치(디스켓, USB) 혹은 네트워크(메신저, 게시판 등)로 전송할 경우
    3) 휴대용 전화기 등 통신장비를 사용할 경우
8. 시험의 완료는 작성이 완료된 답안을 저장하고, 답안 전송이 완료된 상태를 확인한 것으로 합니다. 답안 전송 확인 후 문제지는 감독위원에게 제출한 후 퇴실하여야 합니다.
9. 답안전송이 완료된 경우에는 수정 또는 정정이 불가능합니다.
10. 시험시행 후 문제 공개 및 합격자 발표는 홈페이지(www.diat.or.kr)에서 확인하시기 바랍니다.
    1) 문제 및 정답 공개 : 20XX. XX. XX(X)
    2) 합격자 발표 : 20XX. XX. XX(X)

디지털정보활용능력   인터넷정보검색 [시험시간 : 40분]

유의사항

- 답안지 파일에 수검번호, 성명을 정확히 기재하여 주십시오.
- 답안지의 URL란에는 반드시 정답의 내용이 나타나는 웹 페이지의 절대경로를 기재하고, 한 개의 URL만 기재하십시오.
  (만일 프레임구조의 웹 페이지에서 주소 표시줄에 나타나는 URL만으로는 정답이 위치한 하부의 페이지를 찾을 수 없을 경우 정답으로 인정하지 않음)
  ※ 절대경로란? : 해당 웹 페이지에서 마우스 오른쪽 버튼을 클릭한 후 [등록 정보] 또는 [속성] 항목을 선택한 화면에 나타나는 주소(URL)
- 검색엔진의 '웹페이지' 검색에서 [미리보기]에 해당하는 URL을 기재한 경우 오답 처리됩니다.
- 회원가입 및 등업 후 내용 확인이 가능한 포털의 카페, 블로그, 지식검색, 댓글, 소셜 네트워크 등의 URL은 정답으로 인정되지 않습니다.
- 첨부파일에서 답안을 찾은 경우 첨부파일까지의 URL을 정확히 기재하지 않은 경우 오답 처리됩니다.
  (예) : http://www.diat.or.kr/aa.hwp - 정답)

문제1

1987년 10월 19일 뉴욕증권시장의 주가가 하루 동안 무려 508포인트(전일 대비 22.6%)나 폭락하였다. 이를 1929년 10월 24일의 대공황보다 큰 폭락이라고 하여 (①)이라 한다. 이 사건 이후 주가 급락으로 인한 주식시장 붕괴를 막기 위하여 뉴욕증권거래소는 주가가 전일대비 10%이상 하락한 상태로 1분간 지속되면 20분간 주식 거래를 중지시키는 (②)제도를 도입하였다. 우리나라는 1998년 12월 주가 상한 제한 폭이 15%로 확대되면서 도입하였으며 미국증시 폭락의 영향으로 2000년 4월 17일 처음 (②)이/가 발동되었다.

배점 : ① 10점   ② 10점

문제2

세계에서 가장 오래된 최고 권위의 과학 저널로 평가받는 이것은 미국과학진흥협회에서 발행하는 사이언스지와 함께 과학계에 큰 영향력을 미치고 있는 주간지이다. 이것은 1869년 영국의 천문학자 조지프 로키어에 의해 창간되었으며 매년 1,000편 안팎의 물리학, 의학, 생물학, 우주과학 등 과학 전반에 관한 논문을 게재한다. 우리나라는 파루FE와 순천대 연구팀이 공동연구한 '100% 인쇄 RFID 태그'가 2010년 3월 이것의 연구 하이라이트 코너에 실리기도 하였다. 이 주간지의 이름은?

배점 : 10점

디지털정보활용능력 인터넷정보검색 [시험시간 : 40분]

문제3

평생교육진흥원에서 운영하는 학점은행제는 1998년부터 평생학습 사회의 구현을 목표로 시행하고 있다. 고등학교 졸업자나 동등 이상의 학력을 가진 사람은 누구나 학점은행제를 이용할 수 있으며 학위취득을 위해 이수해야 할 학점이 정해져 있다. 학점을 인정받기 위해서는 인정된 교육시설에서 학습과정을 이수하거나 자격증 취득 등의 다양한 방법이 있는데, 학사학위가 이수해야 할 총 학점은?

배점 : 10점

문제4

우리나라 만화는 1909년 대한민보의 창간호에서 '삽화'라는 이름의 시사만화를 시작으로 현대의 '웹툰'이라는 온라인 만화로 이어져왔다. 만화영상콘텐츠 산업의 중심기지이며 한국만화의 가치증대를 위해 설립된 한국만화영상진흥원은 한국만화박물관과 디지털만화규장각을 운영하고 있다. 한국만화박물관은 한국만화 역사관, 기획전시관, 체험교육실 등을 통하여 한국만화의 100년의 역사와 현주소를 한눈에 살펴볼 수 있다. 한국만화박물관의 관람 시간은 오전 10시부터 오후 6시까지이며 관람을 위한 일반권 가격은?

배점 : 10점

문제5

프랑스 중앙부를 지나 대서양으로 흘르드는 루아르강은 뛰어난 풍경과 주변의 샹보르 성, 블루아 성 등 아름다운 고성이 중세의 모습을 간직한 곳으로 '프랑스의 정원'이라고 불리기도 한다. 이중 프랑스 노르망디 지방에 위치한 이것은 둘레 900m의 화강암으로 구성된 작은 바위섬으로 아브랑쉬의 대주교인 성 오베르의 꿈에 나타난 천사장 미카엘의 명으로 수도원이 지어졌다는 전설로 유명하다. 또한 1979년 섬 전체가 세계문화유산으로 지정되었으며 해마다 350만명의 관광객이 찾는 이곳의 이름은?

배점 : 10점

디지털정보활용능력 인터넷정보검색 [시험시간 : 40분]

문제6

우주의 행성과 위성들은 NASA(미국항공우주국)와 ESA(유럽우주기구)가 발사한 탐사선들에 의해 주로 관찰된다. 1970년대 초반의 탐사선들은 목성보다 먼 행성에 연료가 부족하여 도달하지 못하는 문제가 있었다. 이에 NASA는 여러 행성의 중력의 장을 이용하여 항로를 변경하는 항법인 이것을 매리너 10호에 최초로 적용하여 금성과 수성을 탐사하는데 성공하였다. 이후 파이오니어 10호는 이것을 한 후 태양계를 벗어나 외계로 나간 첫 탐사선이 되었다. 이것의 용어는?

배점 : 10점

문제7

기독교의 한 교파인 (①)은/는 영국의 종교가인 윌리엄 부스가 1865년 창립하였으며 서민층을 상대로 빈민가를 찾아다니며 전도와 교육, 가난구제 등을 통한 구원을 목표로 활동하였다. (①)대한본영은 영국인 (②) 정령에 의해 창설되었으며 1928년 12월 한국 (①) 사령관이었던 박준섭 사관이 서울에 자선냄비를 설치하면서 모금활동을 시작하였다. 2011년 모금액은 약 47억원으로 역대 최고 모금액을 기록했다. 모금액은 전액 결식아동, 무의탁노인, 복지시설지원 등에 사용된다.

배점 : ① 10점 ② 10점

문제8

결핵은 만성전염병으로 피로감, 기침, 흉통 등의 증세가 나타나며 우리나라는 보건수준이 향상되었지만 여전히 OECD 가입국 중 가장 높은 결핵 발병률을 보이고 있다. 질병관리본부는 국내 결핵실태를 개선하고자 '결핵퇴치 2030' 계획을 수립하고 인구 100만명당 10명 이하 발생을 목표로 예방접종 강화, 환자관리 등의 단계적인 사업계획을 마련하였다. 프랑스의 세균학자 칼메트와 게랭이 만든 이것을 이용한 백신을 투베르쿨린 반응 음성자에게 접종하면 면역력이 생겨 결핵을 예방할 수 있다. 이 백신의 이름은?

배점 : 10점

제03회 실전모의고사
[DIAT; Digital Information Ability Test]

- 시험과목 : 인터넷정보검색
- 시험일자 : 20XX. XX. XX(X)
- 수검자 기재사항 및 감독자 확인

수 검 번 호	DII - XXXX -	감독관 확인
성 명		

수검자 유의사항

1. 수검자는 신분증을 지참하여야 시험에 응시할 수 있으며, 미지참 시 퇴실 조치합니다.
2. 시스템(PC작동여부, 네트워크 상태 등)의 이상여부를 반드시 확인하여야 하며, 시스템 이상이 있을시 감독관에게 조치를 받으셔야 합니다.
3. 시험 중 시스템 오류 또는 시스템 다운 증상에 대해서는 수험자 본인에게 책임이 있습니다.
4. 시험 중 부주의 또는 고의로 시스템을 파손한 경우는 수검자 부담으로 합니다.
5. 답안 전송 프로그램을 통하여 자동으로 다운로드 받은 파일을 이용하여 답안파일을 작성하시기 바랍니다.
6. 작성한 답안 파일은 답안 전송 프로그램을 통하여 자동으로 전송됩니다. 감독위원의 지시에 따라 주시기 바랍니다.
7. 다음사항의 경우 실격(0점) 혹은 부정행위 처리됩니다.
   1) 답안을 저장하지 않았거나, 저장한 파일이 손상되었을 경우
   2) 답안파일을 다른 보조 기억장치(디스켓, USB) 혹은 네트워크(메신저, 게시판 등)로 전송할 경우
   3) 휴대용 전화기 등 통신장비를 사용할 경우
8. 시험의 완료는 작성이 완료된 답안을 저장하고, 답안 전송이 완료된 상태를 확인한 것으로 합니다. 답안 전송 확인 후 문제지는 감독위원에게 제출한 후 퇴실하여야 합니다.
9. 답안전송이 완료된 경우에는 수정 또는 정정이 불가능합니다.
10. 시험시행 후 문제 공개 및 합격자 발표는 홈페이지(www.diat.or.kr)에서 확인하시기 바랍니다.
    1) 문제 및 정답 공개 : 20XX. XX. XX(X)
    2) 합격자 발표 : 20XX. XX. XX(X)

디지털정보활용능력   인터넷정보검색 [시험시간 : 40분]

유의사항

- 답안지 파일에 수검번호, 성명을 정확히 기재하여 주십시오.
- 답안지의 URL란에는 반드시 정답의 내용이 나타나는 웹 페이지의 절대경로를 기재하고, 한 개의 URL만 기재하십시오.
  (만일 프레임구조의 웹 페이지에서 주소 표시줄에 나타나는 URL만으로는 정답이 위치한 하부의 페이지를 찾을 수 없을 경우 정답으로 인정하지 않음)
  ※ 절대경로란? : 해당 웹 페이지에서 마우스 오른쪽 버튼을 클릭한 후 [등록 정보] 또는 [속성] 항목을 선택한 화면에 나타나는 주소(URL)
- 검색엔진의 '웹페이지' 검색에서 [미리보기]에 해당하는 URL을 기재한 경우 오답 처리됩니다.
- 회원가입 및 등업 후 내용 확인이 가능한 포털의 카페, 블로그, 지식검색, 댓글, 소셜 네트워크 등의 URL은 정답으로 인정되지 않습니다.
- 첨부파일에서 답안을 찾은 경우 첨부파일까지의 URL을 정확히 기재하지 않은 경우 오답 처리됩니다.
  (예) : http://www.diat.or.kr/aa.hwp – 정답)

문제1

1452년 이탈리아의 빈치에서 태어난 레오나르도 다빈치는 르네상스 시대의 미술가로 조각, 건축, 과학에 이르기까지 다양한 분야에 재능을 보였다. 레오나르도 다빈치는 미술 공방의 견습생으로 일하던 중 스승인 안드레아 델 베로키오의 회화인 (①) 그림 구석에 천사를 그려 넣었으며 그림을 본 스승은 자신보다 제자의 그림이 더 뛰어나다는 사실에 더 이상 그림을 그리지 않았다는 일화로 뛰어난 재능이 알려지게 되었다. (①)와/과 다빈치의 미완성작인 '동방박사의 경배'는 이탈리아의 피렌체에 있는 (②)에 전시되어 있다.

배점 : ① 10점   ② 10점

문제2

화석연료의 고갈 위기에 따른 에너지원 확보를 위해 전 세계에서 신에너지자원 개발이 가속화되고 있다. 천연 가스가 저온, 고압에서 물 분자와 결합되어 형성되는 고체물질인 이것은 1810년 영국의 화학자인 험프리 데이비경이 최초로 발견하였으며, 기존 천연가스보다 매장량이 수십배 많고 연소 시 이산화탄소 발생량이 화석연료에 비해 낮기 때문에 청정에너지 자원으로 각광받고 있다. 우리나라는 2007년 동해에서 이것을 채취하였으며 미국, 일본, 인도, 중국에 이어 5번째로 부존을 확인하였다. 이 자원의 명칭은?

배점 : 10점

디지털정보활용능력 — 인터넷정보검색 [시험시간 : 40분]

문제3

독도는 어업 해역의 천연 가스층 및 석유자원의 보유 가능성 등의 경제적인 가치로 주목받고 있다. 이러한 독도의 경제, 군사적 가치로 인해 일본은 독도 영유권을 주장하고 있다. 우리 독도에 주민이 살고 있다는 증거를 남기겠다며 1981년 독도에 처음으로 주민등록을 이전하여 거주한 이 사람은 수중창고를 마련하고 물골이라는 샘물을 발견하는 등 노력하였으며 1987년 사망하였다. 이 후 독도를 지키기 위해 '범국민 독도 호적 옮기기 운동'이 전개되어 2011년 9월까지 2,562명이 독도에 등록기준지를 두고 있다. 이 사람의 이름은?

배점 : 10점

문제4

육상경기의 한 종목인 해머던지기는 고대 아일랜드의 전차바퀴 던지기를 효시로 1900년 파리 올림픽에서부터 정식 종목으로 채택되었다. 해머던지기는 2.135m의 서클 안에서 회전을 이용하여 해머를 얼마나 멀리 던지는가를 겨루는 종목이다. 해머던지기는 유럽 선수들의 전유물로 여겨졌으나 2004년 아테네 올림픽에서 이 선수가 아시아인 최초로 금메달을 따냈다. '황색 헤라클레스'로 불리는 일본의 육상영웅은 2011 세계육상선수권대회에서 81m24를 기록하며 다시 한 번 정상에 올라섰다. 이 선수의 이름은?

배점 : 10점

문제5

최근 초, 중, 고등학교 학생들 사이에서 폭행, 금품갈취, 성폭력 등의 학교폭력이 심화됨에 따라 자살 등의 사건 사고가 계속해서 증가하고 있다. 정부는 해마다 증가하는 학교폭력의 신속한 대응을 위해 교육과학기술부의 Wee센터와 여성가족부의 CYS-Net, 경찰청의 One-Stop지원시스템의 번호를 이것으로 통합하여 운영하고 있다. 또한 경찰청은 사회적 약자 지원을 위한 통합포털 '안전Dream'을 24시간 운영하고 있으며 전화와 문자, 인터넷 상담, 방문을 통한 신고 및 상담이 가능하고 모두 무료로 운영되고 있다. 학교폭력 신고상담 번호는?

배점 : 10점

디지털정보활용능력   인터넷정보검색 [시험시간 : 40분]

문제6

DNA는 핵산의 일종으로 유전정보를 담고 있는 화학물질을 말하며 2중 나선 구조를 이루고 있다. DNA의 구조가 밝혀진 후 1990년 인간게놈프로젝트 국제 컨소시엄 출범과 함께 인간의 염기서열을 밝히기 위한 프로젝트가 시작되었으며, 2000년 인간게놈지도의 초안이 발표되었다. 인간 게놈의 해석으로 미래형 생명공학산업이 열리게 되었으며 난치병 치료, 유전자 조작 농산물 생산 등 인류 삶의 변화를 가져올 것으로 기대하고 있다. DNA 염기 종류의 개수는?

배점 : 10점

문제7

동아프리카에 위치한 케냐 공화국의 수도 나이로비는 90년의 짧은 역사에도 불구하고 전 세계 주요 교통 중심지이자 인권의 중심지로 자리 잡고 있다. 케냐는 키쿠유족, 루히아족 등 여러 민족이 거주하고 있으며, 1888년 영국의 무역개시와 함께 영국보호령으로 영국의 식민통치가 이루어 졌다. 키쿠유족은 영국의 식민통치에 저항하고자 (①)라는 무장투쟁 단체를 만들었으며 1952년부터 백인과 그에 협력한 흑인들에 대한 테러를 감행하는 등의 활동을 전개한 결과 (②)년 12월 12일에 영국으로부터 독립을 쟁취하였다.

배점 : ① 10점   ② 10점

문제8

암컷 모기는 알의 발생과 성숙에 필요한 단백질과 철분을 필요로 하게 되므로 흡혈을 할 수밖에 없다. 모기는 타액으로 피부의 지방성분을 녹인 후 침을 깊게 찔러 넣어 피를 빨아 먹으며 이 과정에서 전염병을 전파하기도 한다. '나쁜 공기'라는 어원을 가진 이것은 모기에 의해 전파되며 프랑스의 열대병학자 라브랑에 의해 발견되었다. 또한 적혈구 안에서 분열 증식하고 뇌를 침범하기 때문에 높은 치사율을 보이며 세계보건기구의 관리 노력에도 불구하고 아직까지 백신이 개발되지 않고 있다. 이것의 용어는?

배점 : 10점

제04회 실전모의고사
[DIAT; Digital Information Ability Test]

- 시험과목 : 인터넷정보검색
- 시험일자 : 20XX. XX. XX(X)
- 수검자 기재사항 및 감독자 확인

수 검 번 호	DII - XXXX -	감독관 확인
성 명		

수검자 유의사항

1. 수검자는 신분증을 지참하여야 시험에 응시할 수 있으며, 미지참 시 퇴실 조치합니다.
2. 시스템(PC작동여부, 네트워크 상태 등)의 이상여부를 반드시 확인하여야 하며, 시스템 이상이 있을시 감독관에게 조치를 받으셔야 합니다.
3. 시험 중 시스템 오류 또는 시스템 다운 증상에 대해서는 수험자 본인에게 책임이 있습니다.
4. 시험 중 부주의 또는 고의로 시스템을 파손한 경우는 수검자 부담으로 합니다.
5. 답안 전송 프로그램을 통하여 자동으로 다운로드 받은 파일을 이용하여 답안파일을 작성하시기 바랍니다.
6. 작성한 답안 파일은 답안 전송 프로그램을 통하여 자동으로 전송됩니다. 감독위원의 지시에 따라 주시기 바랍니다.
7. 다음사항의 경우 실격(0점) 혹은 부정행위 처리됩니다.
    1) 답안을 저장하지 않았거나, 저장한 파일이 손상되었을 경우
    2) 답안파일을 다른 보조 기억장치(디스켓, USB) 혹은 네트워크(메신저, 게시판 등)로 전송할 경우
    3) 휴대용 전화기 등 통신장비를 사용할 경우
8. 시험의 완료는 작성이 완료된 답안을 저장하고, 답안 전송이 완료된 상태를 확인한 것으로 합니다. 답안 전송 확인 후 문제지는 감독위원에게 제출한 후 퇴실하여야 합니다.
9. 답안전송이 완료된 경우에는 수정 또는 정정이 불가능합니다.
10. 시험시행 후 문제 공개 및 합격자 발표는 홈페이지(www.diat.or.kr)에서 확인하시기 바랍니다.
    1) 문제 및 정답 공개 : 20XX. XX. XX(X)
    2) 합격자 발표 : 20XX. XX. XX(X)

디지털정보활용능력 — 인터넷정보검색 [시험시간 : 40분]

유의사항

- 답안지 파일에 수검번호, 성명을 정확히 기재하여 주십시오.
- 답안지의 URL란에는 반드시 정답의 내용이 나타나는 웹 페이지의 절대경로를 기재하고, 한 개의 URL만 기재하십시오.
  (만일 프레임구조의 웹 페이지에서 주소 표시줄에 나타나는 URL만으로는 정답이 위치한 하부의 페이지를 찾을 수 없을 경우 정답으로 인정하지 않음)
  ※ 절대경로란? : 해당 웹 페이지에서 마우스 오른쪽 버튼을 클릭한 후 [등록 정보] 또는 [속성] 항목을 선택한 화면에 나타나는 주소(URL)
- 검색엔진의 '웹페이지' 검색에서 [미리보기]에 해당하는 URL을 기재한 경우 오답 처리됩니다.
- 회원가입 및 등업 후 내용 확인이 가능한 포털의 카페, 블로그, 지식검색, 댓글, 소셜 네트워크 등의 URL은 정답으로 인정되지 않습니다.
- 첨부파일에서 답안을 찾은 경우 첨부파일까지의 URL을 정확히 기재하지 않은 경우 오답 처리됩니다.
  (예) : http://www.diat.or.kr/aa.hwp – 정답)

문제1

지구 주위의 우주공간에는 목적 없이 빠른 속도로 움직이며 우주공간을 떠도는 버려진 위성이나 로켓의 부품 등 수백만 개의 우주쓰레기가 존재한다. 1996년 프랑스의 (①) 위성은 아리안 로켓 부스러기에 부딪혀 운영이 중단되기도 하였으며, 우주쓰레기는 우주탐사의 가장 큰 방해물이 되었다. 2009년 이리듐 위성과 코스모스 위성의 충돌 이후 계속적인 우주쓰레기의 충돌로 수많은 잔해들이 생겨나는 악순환이 반복되는 (②)이/가 현실화되어 결국 인공위성을 운영하기 힘든 상황에 처할 것 이라는 비관적인 전망이 나오고 있다.

배점 : ① 10점　② 10점

문제2

금광산과 석회석으로 어우러진 세계 유일의 천연 동굴인 이것은 종유석들이 발달해 있으며 갱도가 길게 이어져있는 동굴로 금을 채광 하던 동굴로 유명하다. 또한 1980년 강원기념물로 지정되었으며 총 관람 길이는 1,803m로 약 1시간 30분 정도의 관람시간이 소요된다. 동화의 나라, 금의 세계 등 여러 개의 테마로 나뉘어 다양한 볼거리를 제공하며 금광석의 생산과 쓰임의 전 과정을 보여준다. 관람 편의를 위해 주차장에서 이곳의 입구까지 관광객을 단숨에 수송하는 모노레일카가 우리나라 최초로 설치되어 운영되고 있다. 이 동굴의 이름은?

배점 : 10점

디지털정보활용능력 — 인터넷정보검색 [시험시간 : 40분]

문제3

경제자유구역이란 세계화에 따른 기업의 국제경영활동 환경을 제공하기 위해 타 지역과는 차별화된 제도와 여건을 바탕으로 경제 활동이 보장되는 특별경제구역을 의미한다. 국내에는 인천, 부산, 진해, 광양만 등에서 시행되고 있으며 인천은 송도, 영종, 청라구역에 지정되어 첨단 정보화 교통시스템을 조성하는 전략으로 인천국제공항과 항만을 포함한 경제규모의 향상을 가져왔다. 또한 부산은 항만시설을 국제화규모로 성장시켰으며 조세감면, 자금지원 및 시설확충 등의 각종 규제를 완화하는 혜택이 주어지고 있다. 인천이 경제자유구역으로 지정된 년도는?

배점 : 10점

문제4

인류의 시작과 더불어 문자역사가 발달하듯 지도의 역사 또한 인류와 더불어 오래된 역사를 자랑하고 있다. 특히 세계지도 제작기법의 발달은 근대 지도제작에 큰 기여를 하였으며 대표적인 지도법으로 구드 도법과 이 도법이 있다. 1569년 고안된 이 도법은 원통도법을 조정하여 만들어졌으며 위선과 경선이 나란하게 그려져 항해도에 가장 적합한 지도이다. 지구의 구면을 평면에 옮긴 지도로 극지방으로 갈수록 왜곡이 커진다는 단점이 있으나 지도를 긴 방향으로 전개할 수 있어 가장 많이 사용되고 있다. 이 도법의 명칭은?

배점 : 10점

문제5

현대인들은 바쁜 일상 속에서 이동하면서 먹는 패스트푸드나 과자 등으로 끼니를 때우며 칼로리를 관리하는 경우가 많아지고 있다. 주로 달거나 짠 음식, 커피, 흡연 등은 칼슘의 흡수를 방해하여 어린이들에게 구루병 등이 나타나기도 한다. 구루병을 예방하기 위해서는 칼슘 섭취와 운동 등 활동이 필요하며 칼슘을 흡수하는 역할을 하는 이것을 보충해 주면 많은 도움이 된다. 햇빛에 의해 피부에서 주로 생성되며 일부는 등푸른생선, 달걀 노른자, 버섯, 간 등과 같은 음식으로부터 흡수되는 이것의 용어는?

배점 : 10점

디지털정보활용능력 — 인터넷정보검색 [시험시간 : 40분]

문제6

얼굴, 목, 어깨 등의 근육이 빠른 속도로 이유 없이 반복적으로 움직이거나 자신도 모르게 이상한 소리나 욕을 하는 증상을 틱 장애라고 한다. 틱 장애는 나타나는 기간과 형태에 따라 구분되며 운동 틱과 음성 틱의 두 가지 증상이 모두 발생하거나 기간이 1년을 넘는 경우 이 병을 의심할 수 있다. 가장 효과적인 치료 방법은 약물치료이며, 30~40%정도는 증상이 완화되어 완치가 되기도 하나 경우에 따라서는 성인이 되어서도 일부 증상이 지속될 수도 있다. 이 병의 이름은?

배점 : 10점

문제7

대형마트와 기업형슈퍼마켓의 확장으로 전통시장이 큰 폭으로 감소함에 따라 전통시장의 지역경제 활성화를 목적으로 2009년 7월 (①)이/가 중소기업청과 시장경영진흥원에서 발행되었다. (①)은/는 해당 지역에서만 사용가능한 기존 상품권의 불편을 해소하기 위해 전국의 가맹시장에서 현금처럼 사용 가능하며 1만원권과 5천원권으로 구성되어 있다. 1만원권은 태극문양의 배경에 탈 이미지를 담아 살아있는 전통을 표현하였으며, 5천원권은 어린시절 (②) 장면을 소재로 전통 시장의 향수를 표현하여 제작되었다.

배점 : ① 10점　　② 10점

문제8

소백산 자락에 위치한 영주는 아름다운 자연경관과 문화유산이 어우러진 고장으로 뿌리 깊은 선비문화가 살아 숨쉬는 문화유적의 보고이다. 이것은 조선 중종 37년에 풍기군수 주세붕이 유학자 안향선생의 위패를 봉안하고자 건립한 후 중종 38년 백운동서원을 설립하여 유생교육을 한 것이 시초가 되었다. 중종 48년 이황이 정부지원을 요청하자 우리나라 최초로 임금이 이름을 지어 내린 사액서원으로 대원군이 서원을 철폐할 때도 그대로 존속되어 지금도 매년 봄과 가을에 향사를 지내고 있는 이 서원의 이름은?

배점 : 10점

실전모의고사
[DIAT; Digital Information Ability Test]

- 시험과목 : 인터넷정보검색
- 시험일자 : 20XX. XX. XX(X)
- 수검자 기재사항 및 감독자 확인

수 검 번 호	DII - XXXX -	감독관 확인
성 명		

수검자 유의사항

1. 수검자는 신분증을 지참하여야 시험에 응시할 수 있으며, 미지참 시 퇴실 조치합니다.
2. 시스템(PC작동여부, 네트워크 상태 등)의 이상여부를 반드시 확인하여야 하며, 시스템 이상이 있을시 감독관에게 조치를 받으셔야 합니다.
3. 시험 중 시스템 오류 또는 시스템 다운 증상에 대해서는 수험자 본인에게 책임이 있습니다.
4. 시험 중 부주의 또는 고의로 시스템을 파손한 경우는 수검자 부담으로 합니다.
5. 답안 전송 프로그램을 통하여 자동으로 다운로드 받은 파일을 이용하여 답안파일을 작성하시기 바랍니다.
6. 작성한 답안 파일은 답안 전송 프로그램을 통하여 자동으로 전송됩니다. 감독위원의 지시에 따라 주시기 바랍니다.
7. 다음사항의 경우 실격(0점) 혹은 부정행위 처리됩니다.
   1) 답안을 저장하지 않았거나, 저장한 파일이 손상되었을 경우
   2) 답안파일을 다른 보조 기억장치(디스켓, USB) 혹은 네트워크(메신저, 게시판 등)로 전송할 경우
   3) 휴대용 전화기 등 통신장비를 사용할 경우
8. 시험의 완료는 작성이 완료된 답안을 저장하고, 답안 전송이 완료된 상태를 확인한 것으로 합니다. 답안 전송 확인 후 문제지는 감독위원에게 제출한 후 퇴실하여야 합니다.
9. 답안전송이 완료된 경우에는 수정 또는 정정이 불가능합니다.
10. 시험시행 후 문제 공개 및 합격자 발표는 홈페이지(www.diat.or.kr)에서 확인하시기 바랍니다.
    1) 문제 및 정답 공개 : 20XX. XX. XX(X)
    2) 합격자 발표 : 20XX. XX. XX(X)

디지털정보활용능력   인터넷정보검색 [시험시간 : 40분]

유의사항

- 답안지 파일에 수검번호, 성명을 정확히 기재하여 주십시오.
- 답안지의 URL란에는 반드시 정답의 내용이 나타나는 웹 페이지의 절대경로를 기재하고, 한 개의 URL만 기재하십시오.
  (만일 프레임구조의 웹 페이지에서 주소 표시줄에 나타나는 URL만으로는 정답이 위치한 하부의 페이지를 찾을 수 없을 경우 정답으로 인정하지 않음)
  ※ 절대경로란? : 해당 웹 페이지에서 마우스 오른쪽 버튼을 클릭한 후 [등록 정보] 또는 [속성] 항목을 선택한 화면에 나타나는 주소(URL)
- 검색엔진의 '웹페이지' 검색에서 [미리보기]에 해당하는 URL을 기재한 경우 오답 처리됩니다.
- 회원가입 및 등업 후 내용 확인이 가능한 포털의 카페, 블로그, 지식검색, 댓글, 소셜 네트워크 등의 URL은 정답으로 인정되지 않습니다.
- 첨부파일에서 답안을 찾은 경우 첨부파일까지의 URL을 정확히 기재하지 않은 경우 오답 처리됩니다.
  (예 : http://www.diat.or.kr/aa.hwp – 정답)

문제1

학명은 학술적 편의를 위해 동식물에 붙이는 이름으로 스웨덴의 식물학자 린네가 창안한 (①)을/를 사용한다. (①)은/는 그 종이 속하는 속명 다음에 종명을 써서 생물의 한 종을 나타내는 방식으로, 속명은 언제나 대문자로 시작하고 종명은 소문자로만 표기한다. 예를 들어 명태는 나라마다 다른 이름으로 불리지만 학명은 (②)로 전 세계에서 동일하게 사용되기 때문에 효율적이며 하나의 생물 종에 대한 학명은 하나만을 허용하도록 국제식물명명규약 및 국제동물명명규약에 의해 엄격하게 규제되고 있다.

배점 : ① 10점   ② 10점

문제2

훈민정음은 만든 사람과 창제의 원리가 분명한 세계에서 유일한 문자로 조선의 임금인 세종대왕에 의해 만들어 졌다. 1940년 안동에서 훈민정음의 해례본이 발견되면서 한글이 상형의 원리로 기본자가 만들어졌으며 기본자에 획을 더하거나 다른 문자를 합하여 자음과 모음 글자가 만들어졌다는 창제의 원리를 알게 되었다. 훈민정음은 이러한 한글의 창제배경과 과학적인 원리를 인정받아 1997년 유네스코 세계기록유산으로 등재되었다. 현재 훈민정음 혜례본이 소장되어 있는 미술관의 이름은?

배점 : 10점

디지털정보활용능력 — 인터넷정보검색 [시험시간 : 40분]

문제3

현대인의 필수품으로 자리 잡은 스마트폰이 빠른 속도로 보급되면서 그에 따른 분실사고가 끝없이 증가하고 있다. 정보통신자원의 효율적 이용을 통해 경제적 손실을 방지하고 건전한 통신문화 정착을 위해 설립된 핸드폰찾기콜센터는 핸드폰 메아리 서비스를 운영하고 있다. 핸드폰 메아리 서비스는 사전 등록된 분실자의 연락정보로 분실된 휴대폰이 핸드폰찾기콜센터에 접수되는 즉시 E-mail을 통해 분실자에게 통보해주는 서비스로 무료로 이용이 가능하다. 핸드폰 메아리 서비스가 처음 시행된 년도는?

배점 : 10점

문제4

첨단과학기술의 집합체인 우주과학기술의 발달은 일상생활에서의 수많은 첨단장비를 탄생시키고 있다. 우주인의 생존을 위해 식수에서 중금속과 악취를 걸러내던 장치에서 아이디어를 얻어 정수기를 개발하였으며, 달의 사진 선명도를 높이기 위해 개발한 영상기술은 병원에서 환부의 상태를 확인하기 위해 사용하는 이것으로 탄생시켰다. 이것은 자기장을 일으키는 원통 안에 인체가 들어가면 고주파를 발생시켜 수소 원자핵이 공명할 때 나오는 신호의 차이를 영상화 시키는 이 장치의 이름은?

배점 : 10점

문제5

1997년 4월부터 개정된 증권거래법이 시행되며 기업이 자사의 임직원들에게 일정 수량의 주식을 매입할 수 있는 권한을 부여하는 이 제도가 도입되었다. 사전에 정해진 행사가격으로 자사의 주식을 구입 후 매입 혹은 처분하여 주가변동에 따라 차익을 얻을 수 있다. 임직원들의 능력에 따라 적용되기 때문에 근로의욕을 향상시키기 위한 새로운 경영기법으로 자리 잡고 있으며 뛰어난 인재나 경영인을 영입하기 위해 급여 이외에 이것을 주는 기업들의 사례가 늘어나고 있다. 이 제도의 명칭은?

배점 : 10점

디지털정보활용능력 인터넷정보검색 [시험시간 : 40분]

문제6

대한축구협회는 1933년 조선축구협회의 출범 이후 1948년 9월 대한축구협회로 명칭이 확정되어 대내외적으로 한국 축구 행정을 총괄하는 단체로 자리매김 하였다. 1948년 5월 21일 국제축구연맹에 정식 가입하였으며 런던에서 열린 올림픽 축구 종목에서 8강 진출이라는 쾌거를 거두기도 하였다. 1954년 아시아 축구연맹에 가입하였으며 1956년 홍콩에서 개최된 제1회 아시안컵에서 우승을 차지하며 우리나라 축구의 위상을 널리 떨쳤다. 제1회 아시안컵을 우승으로 이끈 대표팀 감독의 이름은?

배점 : 10점

문제7

이베리아반도에 위치하며 8세기 무렵부터 고트족이 거주하기 시작한 후 오랫동안 외부와 단절되었던 (①)은/는 프랑스 대통령과 에스파냐 우르헬 교구 주교가 형식적인 공동 국가원수로 있다. (①)은/는 뛰어난 자연환경과 온천, 스키장을 바탕으로 관광업이 발달하였으며 나라 전역에서 관세가 부과되지 않아 유럽의 '슈퍼마켓'이라 불리기도 했다. 하지만 1993년에 유럽연합에 가입하면서 면세의 범위를 제한하고 있다. 우리나라는 (②)년 외교관계를 수립하여 주로 철도 차량 및 자동차, 의류 등을 수출하고 있다.

배점 : ① 10점   ② 10점

문제8

이 식물은 멕시코 일대에서 자생하는 열대성 대극과의 상록관목으로 화려한 붉은 색채를 띠며 크리스마스 장식에 빠지지 않는 크리스마스를 대표하는 꽃이다. '축하합니다', '축복합니다' 라는 꽃말을 가졌으며 주로 관상용으로 재배하고 최대 3~4m까지 자라며 고무진 같은 유액이 나오기도 한다. 멕시코의 가난한 소년이 크리스마스에 예수탄생을 기리는 교회의 무대에 놓을 선물을 준비하지 못하고 눈 위에서 무릎을 꿇고 기도하자 빨간 잎이 달린 나무 한 그루가 자랐다는 이야기가 전해지기도 한다. 이 식물의 이름은?

배점 : 10점

제06회 실전모의고사
[DIAT; Digital Information Ability Test]

- 시험과목 : 인터넷정보검색
- 시험일자 : 20XX. XX. XX(X)
- 수검자 기재사항 및 감독자 확인

수 검 번 호	DII - XXXX -	감독관 확인
성 명		

수검자 유의사항

1. 수검자는 신분증을 지참하여야 시험에 응시할 수 있으며, 미지참 시 퇴실 조치합니다.

2. 시스템(PC작동여부, 네트워크 상태 등)의 이상여부를 반드시 확인하여야 하며, 시스템 이상이 있을시 감독관에게 조치를 받으셔야 합니다.

3. 시험 중 시스템 오류 또는 시스템 다운 증상에 대해서는 수험자 본인에게 책임이 있습니다.

4. 시험 중 부주의 또는 고의로 시스템을 파손한 경우는 수검자 부담으로 합니다.

5. 답안 전송 프로그램을 통하여 자동으로 다운로드 받은 파일을 이용하여 답안파일을 작성하시기 바랍니다.

6. 작성한 답안 파일은 답안 전송 프로그램을 통하여 자동으로 전송됩니다. 감독위원의 지시에 따라 주시기 바랍니다.

7. 다음사항의 경우 실격(0점) 혹은 부정행위 처리됩니다.
   1) 답안을 저장하지 않았거나, 저장한 파일이 손상되었을 경우
   2) 답안파일을 다른 보조 기억장치(디스켓, USB) 혹은 네트워크(메신저, 게시판 등)로 전송할 경우
   3) 휴대용 전화기 등 통신장비를 사용할 경우

8. 시험의 완료는 작성이 완료된 답안을 저장하고, 답안 전송이 완료된 상태를 확인한 것으로 합니다. 답안 전송 확인 후 문제지는 감독위원에게 제출한 후 퇴실하여야 합니다.

9. 답안전송이 완료된 경우에는 수정 또는 정정이 불가능합니다.

10. 시험시행 후 문제 공개 및 합격자 발표는 홈페이지(www.diat.or.kr)에서 확인하시기 바랍니다.
    1) 문제 및 정답 공개 : 20XX. XX. XX(X)
    2) 합격자 발표 : 20XX. XX. XX(X)

한국정보통신진흥협회 KAIT

디지털정보활용능력

인터넷정보검색 [시험시간 : 40분]

유의사항

- 답안지 파일에 수검번호, 성명을 정확히 기재하여 주십시오.
- 답안지의 URL란에는 반드시 정답의 내용이 나타나는 웹 페이지의 절대경로를 기재하고, 한 개의 URL만 기재하십시오.
  (만일 프레임구조의 웹 페이지에서 주소 표시줄에 나타나는 URL만으로는 정답이 위치한 하부의 페이지를 찾을 수 없을 경우 정답으로 인정하지 않음)
  ※ 절대경로란? : 해당 웹 페이지에서 마우스 오른쪽 버튼을 클릭한 후 [등록 정보] 또는 [속성] 항목을 선택한 화면에 나타나는 주소(URL)
- 검색엔진의 '웹페이지' 검색에서 [미리보기]에 해당하는 URL을 기재한 경우 오답 처리됩니다.
- 회원가입 및 등업 후 내용 확인이 가능한 포털의 카페, 블로그, 지식검색, 댓글, 소셜 네트워크 등의 URL은 정답으로 인정되지 않습니다.
- 첨부파일에서 답안을 찾은 경우 첨부파일까지의 URL을 정확히 기재하지 않은 경우 오답 처리됩니다.
  (예 : http://www.diat.or.kr/aa.hwp - 정답)

문제1

(①)은/는 국왕 중심의 입헌군주국으로 암몬, 모압 등 구약 및 신약성서에 나오는 지형이 많아 성지순례 코스에도 빠지지 않는 나라이다. (①)은/는 군사적, 문화적 요충지로 항상 주변국으로부터 침략의 대상이 되어왔으며, 16세기에는 오스만 제국의 속령 시리아의 일부가 되기도 하였고, 제1차 세계대전 후에는 영국과 프랑스 사이의 (②)에 따라 영국의 위임 통치를 받기도 하였다. (②)은/는 1916년 러시아의 동의로 영국과 프랑스 사이에 맺어진 비밀 협약으로 아라비아민족 지역의 분할에 관한 목적을 담고 있다.

배점 : ① 10점　　② 10점

문제2

경기 파주시 탄현면 성동리에 위치한 이곳은 백제 때의 산성으로 한강과 임진강의 두 물줄기가 만나는 곳이며, 정상에는 안보교육을 위해 통일부에서 건립한 통일전망대가 들어서 있다. 삼국시대 고구려와 백제 전쟁의 무대가 됐던 관미성으로 알려지면서 학계의 비상한 관심을 모으기도 했지만 지금은 많이 훼손된 상태이다. 뒤채움식 형식의 축조방법을 주로 사용하였으며 주변의 자연조건은 난공불락의 요새임을 짐작하게 한다. 이곳의 이름은?

배점 : 10점

디지털정보활용능력 인터넷정보검색 [시험시간 : 40분]

문제3

역도는 사람의 체중에 따라 일정한 무게의 역기를 들어 올리는 운동 경기로 방법에는 인상과 용상이 있으며, 인상은 힘보다는 기술을 겨루는 종목이고 용상은 힘, 기술, 스피드 등의 종합력을 요구하는 종목이다. 우리나라에 역도가 들어온 것은 일본체육대학(구 도쿄체조학교)에서 유학을 마치고 돌아온 이 사람에 의해서이다. 역도 이론의 연구와 실제 수련에 심혈을 기울였으며 조선체력증진법연구소를 조직하여 역도를 보급시켰고, 역도연맹 초대 회장을 지내기도 하였으며 체조협회, 씨름협회, 정구협회 등을 창설하기도 하였다. 이 사람의 이름은?

배점 : 10점

문제4

공정거래위원회는 독점 및 불공정거래에 관한 사안을 심의하고 의결하기 위해 설립된 국무총리 소속의 중앙행정기관으로, 주요 업무로는 경쟁촉진, 소비자 주권 확립, 중소기업의 경쟁기반 확보, 경제력 집중 억제 등을 다루고 있다. 산하기관으로 한국소비자원을 두고 있으며, 현재 제16대 위원장으로는 경제관료 출신인 이 사람이 위원장으로 임명되어 그 역할을 다하고 있다. 위원장은 경제협력국장 당시 한미 FTA 등 대외적인 경제협력에 주도적 역할을 한 것으로 평가받고 있다. 현재 제16대 위원장의 이름은?

배점 : 10점

문제5

토머스 제퍼슨은 미국의 정치인으로 제3대 미국 대통령이자 미국 독립 선언서의 기초자이며, 오늘날 미국 역사상 가장 위대한 대통령 가운데 한 사람으로 손꼽힌다. 워싱턴 DC에는 제퍼슨 기념관이 있고, 1927년 국립기념공원으로 지정된 이 산에는 미국 초대 대통령을 지낸 조지 워싱턴과 노예해방선언을 공표한 링컨, 그리고 뉴딜 정책 등으로 미국이 세계적인 국가로 발전하는 데 큰 역할을 한 시오도어 루스벨트와 함께 토머스 제퍼슨의 거대한 얼굴이 나란히 새겨져 있기도 하다. 이 산의 이름은?

배점 : 10점

디지털정보활용능력 인터넷정보검색 [시험시간 : 40분]

문제6

독도는 해저 밑의 화산이 분출하여 생긴 화산섬으로, 동도와 서도, 그리고 주변의 89개 부속도서로 이루어져 있다. 동남쪽에 위치한 동도는 유인등대를 비롯하여 대부분의 해양수산시설이 설치되어 있으며, 높이는 98.6m이고 중앙부는 원형상태로 해수면까지 꺼진 천정굴의 모습을 가지고 있다. 서북쪽에 위치한 서도는 높이가 168.5m이고 정상부는 험준한 원추형을 이루고 있으며, 주요 시설물로는 주민숙소가 있다. 동도와 서도간 최단거리는 간조시 해안선을 기준으로 몇 m 떨어져 있나?

배점 : 10점

문제7

조선 순조시대 학자 (①)은/는 당시 널리 쓰이고 있던 일반적인 언어와 문자 중에서 잘못 전해지거나, 쓰임과 어원이 모호한 것을 지적하여 바르게 고증하고, 사용 예를 합리적으로 설명한 조선 판 우리말 어원사전인 (②)을/를 만들었다. 총 200여 항목, 3권으로 이루어진 (②)은/는 언어학적인 내용뿐만 아니라 자연, 식물, 동물, 풍속, 제도, 관직, 주거, 도구, 음식 등 다방면에 걸쳐 내용을 담고 있어, 국어학을 비롯한 한문학, 민속학, 사학 등에 걸쳐 역사적으로 매우 귀중한 자료로 평가받고 있다.

배점 : ① 10점   ② 10점

문제8

정신분석학의 대표자인 프로이트의 이론을 토대로 대상관계 심리학의 선구자가 된 이 사람은 최초로 어린이 정신치료에 놀이치료를 도입한 정신분석학자이기도 하다. 아이가 놀이를 통하여 자신을 자연스럽게 표현하기 때문에 아이들과의 의사소통 수단으로 놀이가 사용될 수 있다는 사실을 인식하였고 아이들에 대한 관찰과 임상 연구를 통해 프로이트의 이론을 구체화시켰다. 주요저서인 '시기심과 감사' 는 아동기의 편집, 분열적 자리, 우울적 자리에 대한 내용 등을 담고 있는데, 이 사람의 이름은?

배점 : 10점

실전모의고사

● 시험과목 : 인터넷정보검색
● 시험일자 : 20XX. XX. XX(X)
● 수검자 기재사항 및 감독자 확인

수 검 번 호	DII - XXXX -	감독관 확인
성 명		

수검자 유의사항

1. 수검자는 신분증을 지참하여야 시험에 응시할 수 있으며, 미지참 시 퇴실 조치합니다.
2. 시스템(PC작동여부, 네트워크 상태 등)의 이상여부를 반드시 확인하여야 하며, 시스템 이상이 있을시 감독관에게 조치를 받으셔야 합니다.
3. 시험 중 시스템 오류 또는 시스템 다운 증상에 대해서는 수험자 본인에게 책임이 있습니다.
4. 시험 중 부주의 또는 고의로 시스템을 파손한 경우는 수검자 부담으로 합니다.
5. 답안 전송 프로그램을 통하여 자동으로 다운로드 받은 파일을 이용하여 답안파일을 작성하시기 바랍니다.
6. 작성한 답안 파일은 답안 전송 프로그램을 통하여 자동으로 전송됩니다. 감독위원의 지시에 따라 주시기 바랍니다.
7. 다음사항의 경우 실격(0점) 혹은 부정행위 처리됩니다.
    1) 답안을 저장하지 않았거나, 저장한 파일이 손상되었을 경우
    2) 답안파일을 다른 보조 기억장치(디스켓, USB) 혹은 네트워크(메신저, 게시판 등)로 전송할 경우
    3) 휴대용 전화기 등 통신장비를 사용할 경우
8. 시험의 완료는 작성이 완료된 답안을 저장하고, 답안 전송이 완료된 상태를 확인한 것으로 합니다. 답안 전송 확인 후 문제지는 감독위원에게 제출한 후 퇴실하여야 합니다.
9. 답안전송이 완료된 경우에는 수정 또는 정정이 불가능합니다.
10. 시험시행 후 문제 공개 및 합격자 발표는 홈페이지(www.diat.or.kr)에서 확인하시기 바랍니다.
    1) 문제 및 정답 공개 : 20XX. XX. XX(X)
    2) 합격자 발표 : 20XX. XX. XX(X)

디지털정보활용능력 | 인터넷정보검색 [시험시간 : 40분]

유의사항

- 답안지 파일에 수검번호, 성명을 정확히 기재하여 주십시오.
- 답안지의 URL란에는 반드시 정답의 내용이 나타나는 웹 페이지의 절대경로를 기재하고, 한 개의 URL만 기재하십시오.
  (만일 프레임구조의 웹 페이지에서 주소 표시줄에 나타나는 URL만으로는 정답이 위치한 하부의 페이지를 찾을 수 없을 경우 정답으로 인정하지 않음)
  ※ 절대경로란? : 해당 웹 페이지에서 마우스 오른쪽 버튼을 클릭한 후 [등록 정보] 또는 [속성] 항목을 선택한 화면에 나타나는 주소(URL)
- 검색엔진의 '웹페이지' 검색에서 [미리보기]에 해당하는 URL을 기재한 경우 오답 처리됩니다.
- 회원가입 및 등업 후 내용 확인이 가능한 포털의 카페, 블로그, 지식검색, 댓글, 소셜 네트워크 등의 URL은 정답으로 인정되지 않습니다.
- 첨부파일에서 답안을 찾은 경우 첨부파일까지의 URL을 정확히 기재하지 않은 경우 오답 처리됩니다.
  (예 : http://www.diat.or.kr/aa.hwp – 정답)

문제1

미국의 음악상 중 최고의 규모와 권위를 가진 (①)은/는 레코드업계의 아카데미상으로 불린다. 2012년 (①)에는 국내 음반이 최초로 그 후보에 올랐는데 놀랍게도 서양의 클래식이나 일반 대중음악이 아닌 국악 음반인 '정가악회 풍류 Ⅲ-가곡'이 '월드 뮤직상'과 '최우수 서라운드 음향상' 두 부문에 후보로 이름을 올렸다. 이 음반은 국악전문 기획/음반제작회사인 (②)에서 국악의 국내 보급과 세계화를 위해 최상위 품질의 디지털 오디오 디스크인 SACD로 제작하였다.

배점 : ① 10점   ② 10점

문제2

2011년 2월 남해지방해양경찰청에 배치된 지 불과 5일 만에 해상으로 추락한 AW-139 헬기의 사고 원인은 조종사의 이것으로 조사됐다. 사람 감각의 한계 때문에 발생하는 현상으로 상황을 극복하기 위해 시뮬레이터 장비 등을 이용해 조종사들에게 실질적인 계기비행 능력을 강화하고 있다. 계기비행은 조종사의 시각에만 의존하지 않는 방식으로 맑은 날에도 항공기 상호간의 공중충돌 방지에 중요한 역할을 한다. 야간 비행 시 하늘과 바다를 혼동하여 바다로 추락하는 사고의 원인이기도 한 이 현상의 명칭은?

배점 : 10점

디지털정보활용능력   인터넷정보검색 [시험시간 : 40분]

문제3

최근 카카오에 풍부하게 함유되어 있는 이 성분의 각종 효능이 알려지면서 현대인에게 큰 사랑을 받고 있는 식품인 초콜릿은, 멕시코 원주민이 카카오 콩으로 만든 음료인 초코라틀(Chocolatl)에서 유래되었다. 포도, 딸기, 토마토, 녹차 등에도 많이 함유되어 있고, 우리 몸의 산화작용을 억제시키는 항산화 효능이 있으며, 혈중 콜레스테롤의 수치를 낮게 해 주는 작용도 한다. 일반적으로 70% 이상의 카카오 함유율을 가진 다크초콜릿에서 이것의 효과를 볼 수 있는 것으로 알려져 있는 이 성분의 명칭은?

배점 : 10점

문제4

호수 주변이나 하천, 늪과 같은 물가에서 쉽게 볼 수 있는 이것은 벼과에 속하는 초본식물로 그 쓰임새가 매우 다양하다. 뿌리를 제거한 후 햇볕에 말려 약재로 사용하기도 하고, 다 자란 줄기는 햇볕을 가리는데 쓰는 발과 바닥에 까는 자리 등의 제품으로 이용되기도 한다. 우리나라에는 순천만 자연생태공원에 우리나라 최대의 군락지가 있으며 생태공원에서 보이는 아름다운 낙조가 유명하다. 흔히 '여자의 흔들리는 마음'을 비유하는 대상으로 쓰이기도 하는 이 식물의 이름은?

배점 : 10점

문제5

이것은 반드시 사무실 책상 앞이 아니더라도 업무의 효율성과 성취도를 높이기 위해 어디서든 집중력을 발휘하여 근무할 수 있는 미래지향적인 업무환경을 말한다. 이것은 오늘날 온실가스, 저출산, 고령화 등에 대한 문제 해결 방안 중 하나로 꼽히고 있으며, 국내 기업들도 적극적으로 도입을 확대하고 있다. 방송통신위원회에 따르면 2011년 1,794개(비상장기업 28개 포함) 기업을 대상으로 조사한 결과, 이것을 도입한 기업은 136개, 적용 근로자 수는 약 24만 명에 달하는 것으로 나타났다. 이 제도의 이름은?

배점 : 10점

디지털정보활용능력   인터넷정보검색 [시험시간 : 40분]

문제6

공장이나 발전소 등에서 생성되는 분진이나 가스, 증기 등을 대기로 직접 방출하면 대기오염을 발생시킬 우려가 있기 때문에 이러한 유해물을 제거하기 위해서는 공기 중에 떠다니는 고체 또는 액체의 미립자를 모아서 제거하는 이 장치가 필요하다. 이 장치는 원리에 따라 관성과 원심력, 여과, 중력, 음파, 세정 등 여러 종류로 나눌 수 있으며, 제거할 입자의 크기에 따라 적합한 것을 사용해야 하고, 폐기물 소각로에는 반드시 설치해야하는 이 장치의 명칭은?

배점 : 10점

문제7

아프리카 남부 내륙에 위치한 국가인 (①)은/는 다른 아프리카 국가와 달리 일찍이 민주주의가 발전하여 정치적 불안 및 종족갈등이 거의 없다. 과거에는 농사를 짓고 살았으나 1960년대 발견된 다이아몬드 광산으로 인해 현재는 다이아몬드 주요 생산국이 되었으며 풍부한 광물자원으로 경제개발을 꾀하고 있다. 그러나 높은 AIDS 감염률로 인하여 2006년 기준 평균나이가 33.74세로 사망률이 출생률보다 높아 인구가 점차 줄고 있다. 현재 이안 카마 대통령이 국가원수이며 우리나라와는 (②)년 국교를 수립하였다.

배점 : ① 10점   ② 10점

문제8

에너지 자원의 대부분을 해외에 의존하고 있는 우리나라는 안정적인 자원 확보망 구축이 국가 경제 발전에 무엇보다 중요하다. 이에 1967년 6월 5일 설립된 이 조직은 국내외 광물자원 탐사 및 개발, 광물자원 확보, 광산물 비축 등의 활동을 하고 있으며, 특히 정부에서 지정한 6대 전략 광물의 자주개발률을 높이는데 역량을 집중하고 있다. 산업자원부 자원정책실장을 역임한 김신종 사장을 중심으로 약 400여명의 직원들이 안정적인 광물확보를 위해 최선의 노력을 다하고 있는 조직의 이름은?

배점 : 10점

실전모의고사
[DIAT; Digital Information Ability Test]

- 시험과목 : 인터넷정보검색
- 시험일자 : 20XX. XX. XX(X)
- 수검자 기재사항 및 감독자 확인

수 검 번 호	DII - XXXX -	감독관 확인
성 명		

수검자 유의사항

1. 수검자는 신분증을 지참하여야 시험에 응시할 수 있으며, 미지참 시 퇴실 조치합니다.

2. 시스템(PC작동여부, 네트워크 상태 등)의 이상여부를 반드시 확인하여야 하며, 시스템 이상이 있을시 감독관에게 조치를 받으셔야 합니다.

3. 시험 중 시스템 오류 또는 시스템 다운 증상에 대해서는 수험자 본인에게 책임이 있습니다.

4. 시험 중 부주의 또는 고의로 시스템을 파손한 경우는 수검자 부담으로 합니다.

5. 답안 전송 프로그램을 통하여 자동으로 다운로드 받은 파일을 이용하여 답안파일을 작성하시기 바랍니다.

6. 작성한 답안 파일은 답안 전송 프로그램을 통하여 자동으로 전송됩니다. 감독위원의 지시에 따라 주시기 바랍니다.

7. 다음사항의 경우 실격(0점) 혹은 부정행위 처리됩니다.

    1) 답안을 저장하지 않았거나, 저장한 파일이 손상되었을 경우
    2) 답안파일을 다른 보조 기억장치(디스켓, USB) 혹은 네트워크(메신저, 게시판 등)로 전송할 경우
    3) 휴대용 전화기 등 통신장비를 사용할 경우

8. 시험의 완료는 작성이 완료된 답안을 저장하고, 답안 전송이 완료된 상태를 확인한 것으로 합니다. 답안 전송 확인 후 문제지는 감독위원에게 제출한 후 퇴실하여야 합니다.

9. 답안전송이 완료된 경우에는 수정 또는 정정이 불가능합니다.

10. 시험시행 후 문제 공개 및 합격자 발표는 홈페이지(www.diat.or.kr)에서 확인하시기 바랍니다.

    1) 문제 및 정답 공개 : 20XX. XX. XX(X)
    2) 합격자 발표 : 20XX. XX. XX(X)

디지털정보활용능력 — 인터넷정보검색 [시험시간 : 40분]

유의사항

- 답안지 파일에 수검번호, 성명을 정확히 기재하여 주십시오.
- 답안지의 URL란에는 반드시 정답의 내용이 나타나는 웹 페이지의 절대경로를 기재하고, 한 개의 URL만 기재하십시오.
  (만일 프레임구조의 웹 페이지에서 주소 표시줄에 나타나는 URL만으로는 정답이 위치한 하부의 페이지를 찾을 수 없을 경우 정답으로 인정하지 않음)
  ※ 절대경로란? : 해당 웹 페이지에서 마우스 오른쪽 버튼을 클릭한 후 [등록 정보] 또는 [속성] 항목을 선택한 화면에 나타나는 주소(URL)
- 검색엔진의 '웹페이지' 검색에서 [미리보기]에 해당하는 URL을 기재한 경우 오답 처리됩니다.
- 회원가입 및 등업 후 내용 확인이 가능한 포털의 카페, 블로그, 지식검색, 댓글, 소셜 네트워크 등의 URL은 정답으로 인정되지 않습니다.
- 첨부파일에서 답안을 찾은 경우 첨부파일까지의 URL을 정확히 기재하지 않은 경우 오답 처리됩니다.
  (예) : http://www.diat.or.kr/aa.hwp - 정답)

문제1

오스트리아에 위치한 작은 마을 (①)은/는 세계 각지의 배낭여행객들이 즐겨 찾는 관광명소 중 하나이다. 1997년 유네스코의 세계문화유산에 등재될 정도로 문화적 가치가 높은 곳이기도 한 (①)은/는 예로부터 사람들에게 소중한 자원인 (②)을/를 통해 풍요로운 과거를 누렸던 곳으로, 마을 이름의 첫 글자도 (②)의 뜻을 지녔다. 케이블카를 타고 산에 오르면 (②) 광산의 흔적과 촘촘한 산자락으로 둘러싸인 웅장한 호수의 정경을 한눈에 볼 수 있다.

배점 : ① 10점　　② 10점

문제2

시각 장애인들로 구성된 이것은 모두가 공감하고 공존하는 세상이 되길 꿈꾸며 2003년부터 관현악, 타악기, 합창, 중창, 그룹사운드를 통하여 희망을 주는 예술 공연을 펼쳐가고 있다. 시각 장애 1급인 김양수 단장이 이끌며 시각 장애인들에게 자신감과 장애 극복의지를 고취시키고 음악적 재능을 발굴하여 자립할 수 있는 능력을 배양하기 위해 노력하고 있으며, 지속적인 연주 활동과 다양한 연주 기회를 제공함으로서 국내외에서 실력을 인정받는 정상급 연주단을 육성하고 운영해 나가고 있는 이 단체의 이름은?

배점 : 10점

디지털정보활용능력   인터넷정보검색 [시험시간 : 40분]

문제3

하나의 문학작품이 동시대 사람들에게 인정받고 유명해지기는 쉽지 않지만 영국 출신의 작가이자 시인이기도 한 이 사람은 37편의 희곡 등 수많은 명작을 남겼으며 세계적으로 가장 뛰어난 극작가로 꼽힌다. 또한 그는 연극배우로도 활약을 하였는데, 1580년경부터 런던의 한 극장에서 수습배우를 시작하면서 극작가 활동도 겸하였다. 오늘날 독서 증진을 위해 제정한 '세계 책과 저작권의 날'도 이 사람의 사망일에서 유래되었다고 전해지고 있는데, 이 사람의 이름은?

배점 : 10점

문제4

정부에서는 통신비 절감이라는 목적 아래 저렴한 요금으로 소비자에게 서비스할 수 있는 이것을 정책적으로 주도하고 있어, 통신시장에서 급속도로 확대될 전망이다. 이것은 직접 이동통신망을 구축하여 관리하는 것이 아니라 기존에 구축되어 있는 이동통신망을 임대하여 자체적으로 차별화된 서비스와 저렴한 요금제를 소비자에게 제공하는 사업자를 말하는데 이 서비스의 명칭은?

배점 : 10점

문제5

봄철에는 먼지나 꽃가루, 황사가 심하고 일교차가 크기 때문에 각종 질병에 주의해야 하는데, 만약 맑은 콧물과 발작성 재채기 등의 증상이 발생한다면 이 질환을 의심해 보아야 한다. 전체 인구의 10~30%가 가지고 있을 만큼 흔한 질환으로 담배연기, 스트레스, 환경오염 등으로 그 증상이 더욱 악화되기도 한다. 이 질환을 예방하기 위해서는 생활환경을 청결히 하고 온도 차이가 많이 나지 않도록 실내온도를 유지하도록 하며, 꽃가루나 황사가 심할 경우에는 가급적 외출을 자제하여야 하는 이 질환의 명칭은?

배점 : 10점

디지털정보활용능력 인터넷정보검색 [시험시간 : 40분]

문제6

이것은 사용자로부터 해킹이나 좀비PC, 각종 악성코드 등의 피해를 예방하는 정보보호 서비스로 한국인터넷진흥원에서 제공하고 있으며, 프로그램을 다운 받아 인터넷 브라우저에 설치하면 툴바를 통해 방문한 웹사이트의 위험성과 해킹 감염 가능성 등의 안정성 정보를 경광등으로 알려준다. 그러나 이것은 악성코드를 치료하는 백신 프로그램은 아니므로 최신 윈도우 보안 업데이트 및 백신 프로그램 설치가 필요한 이 서비스의 명칭은?

배점 : 10점

문제7

(①)은/는 불교 석굴 사원으로 종교를 떠나 많은 사람들에게 사랑받고 있는 세계문화유산이다. 인도의 데칸고원에 위치해 있으며, 험한 계곡을 넘나드는 와고라강의 계곡 깊은 곳에 29개의 석굴이 지어져 있다. (①)의 벽화는 불교 벽화의 시초로 볼 수 있으며 중국을 거쳐 한국과 일본까지 그 전통이 이어지고 있다. 1819년경 (②) 사냥을 하던 영국군 병사들에 의해 우연히 발견됨으로써 오랜 세월동안 잠들어 있던 곳이 세상에 드러나게 되었다.

배점 : ① 10점   ② 10점

문제8

제3차 중동전쟁에서 요르단 강 서안지역과 예루살렘의 구시가를 이스라엘이 점령하면서 그 안에 살고 있던 팔레스타인들은 난민의 처지로 쫓겨나게 되었고, 그 후로 두 민족 간의 내전이 끊이지 않고 있다. 1993년 9월에는 이스라엘의 생존권을 보장하고 존재 근거를 인정받는 조건으로 가자지구와 요르단 강 서안 등의 점령지를 반환하여 팔레스타인 자치정부 설립을 가능토록 하는 협정을 맺기도 하였으나 극우 강경파의 계속적인 무력투쟁과 이스라엘의 레바논 침공 등으로 난항이 계속되고 있는 이 협정의 이름은?

배점 : 10점

실전모의고사

[DIAT; Digital Information Ability Test]

- 시험과목 : 인터넷정보검색
- 시험일자 : 20XX. XX. XX(X)
- 수검자 기재사항 및 감독자 확인

수 검 번 호	DII - XXXX -	감독관 확인
성 명		

수검자 유의사항

1. 수검자는 신분증을 지참하여야 시험에 응시할 수 있으며, 미지참 시 퇴실 조치합니다.
2. 시스템(PC작동여부, 네트워크 상태 등)의 이상여부를 반드시 확인하여야 하며, 시스템 이상이 있을시 감독관에게 조치를 받으셔야 합니다.
3. 시험 중 시스템 오류 또는 시스템 다운 증상에 대해서는 수험자 본인에게 책임이 있습니다.
4. 시험 중 부주의 또는 고의로 시스템을 파손한 경우는 수검자 부담으로 합니다.
5. 답안 전송 프로그램을 통하여 자동으로 다운로드 받은 파일을 이용하여 답안파일을 작성하시기 바랍니다.
6. 작성한 답안 파일은 답안 전송 프로그램을 통하여 자동으로 전송됩니다. 감독위원의 지시에 따라 주시기 바랍니다.
7. 다음사항의 경우 실격(0점) 혹은 부정행위 처리됩니다.
   1) 답안을 저장하지 않았거나, 저장한 파일이 손상되었을 경우
   2) 답안파일을 다른 보조 기억장치(디스켓, USB) 혹은 네트워크(메신저, 게시판 등)로 전송할 경우
   3) 휴대용 전화기 등 통신장비를 사용할 경우
8. 시험의 완료는 작성이 완료된 답안을 저장하고, 답안 전송이 완료된 상태를 확인한 것으로 합니다. 답안 전송 확인 후 문제지는 감독위원에게 제출한 후 퇴실하여야 합니다.
9. 답안전송이 완료된 경우에는 수정 또는 정정이 불가능합니다.
10. 시험시행 후 문제 공개 및 합격자 발표는 홈페이지(www.diat.or.kr)에서 확인하시기 바랍니다.
    1) 문제 및 정답 공개 : 20XX. XX. XX(X)
    2) 합격자 발표 : 20XX. XX. XX(X)

| 디지털정보활용능력 | 인터넷정보검색 [시험시간 : 40분]

유의사항

- 답안지 파일에 수검번호, 성명을 정확히 기재하여 주십시오.
- 답안지의 URL란에는 반드시 정답의 내용이 나타나는 웹 페이지의 절대경로를 기재하고, 한 개의 URL만 기재하십시오.
  (만일 프레임구조의 웹 페이지에서 주소 표시줄에 나타나는 URL만으로는 정답이 위치한 하부의 페이지를 찾을 수 없을 경우 정답으로 인정하지 않음)
  ※ 절대경로란? : 해당 웹 페이지에서 마우스 오른쪽 버튼을 클릭한 후 [등록 정보] 또는 [속성] 항목을 선택한 화면에 나타나는 주소(URL)
- 검색엔진의 '웹페이지' 검색에서 [미리보기]에 해당하는 URL을 기재한 경우 오답 처리됩니다.
- 회원가입 및 등업 후 내용 확인이 가능한 포털의 카페, 블로그, 지식검색, 댓글, 소셜 네트워크 등의 URL은 정답으로 인정되지 않습니다.
- 첨부파일에서 답안을 찾은 경우 첨부파일까지의 URL을 정확히 기재하지 않은 경우 오답 처리됩니다.
  (예 : http://www.diat.or.kr/aa.hwp - 정답)

문제1

일본 아사히신문은 2011년 11월 27일 미국 항공우주국(NASA)의 달 표면 및 상공에 대한 배타적 권리를 주장하는 지침 초안을 입수해 보도하였고, 이에 NASA는 달 표면에 남겨진 자국의 재산인 기기를 보호하고 착륙했던 지점의 손상을 염려하여 초안을 만들었지만 법적 구속력은 없다고 해명했다. (①)에 따르면 달을 비롯한 외기권은 영유권을 주장할 수 없으며 외기권의 사용과 개발은 모든 국가의 이익을 위한 것이어야 한다고 규정하고 있다. 우리나라는 우주에 관한 인류 최초의 성문법인 (①)을/를 (②)년에 비준하였다.

배점 : ① 10점   ② 10점

문제2

이것은 열분해 또는 불완전연소 과정을 통해 만들어지는데, 불완전연소 과정으로 제조 시 벤조피렌, 디벤즈, 안트라센 등의 발암물질이 함께 생성되어 한동안 사용이 금지되기도 하였다. 대부분 고무용 충전제로 사용되지만 인쇄잉크 등 흑색안료로 사용되기도 한다. 또한 아이라이너와 마스카라의 검정색 원료로 사용되기도 하는데, 한국소비자원에 따르면 시중에 판매되는 아이라이너와 마스카라는 안전 기준에 적합한 것으로 조사된 이 물질은?

배점 : 10점

디지털정보활용능력 — 인터넷정보검색 [시험시간 : 40분]

문제3

멸종이란 지구상에 생물이 출현한 이후로 거의 동시에 생물이 전멸한 현상을 말한다. 그 동안 최소 11차례에 걸친 멸종이 일어난 것으로 알려져 있으며, 그 중 규모가 큰 다섯 차례를 대멸종이라 한다. 최초의 멸종은 고생대 오르도비스기와 실루리아기 사이에 일어난 것으로 지구 역사상 두 번째 거대한 멸종으로 알려져 있다. 가장 큰 규모의 멸종은 3차로 일어난 고생대 페름기와 중생대 트라이아스기의 경계 사건으로 곤충을 비롯한 육상 동물과 해양 동물의 많은 수가 멸종된 이 사건을 무슨 경계 멸종 사건이라고 하는가?

배점 : 10점

문제4

6월의 제철 웰빙 수산물로 선정되기도 한 이것은 껍데기가 전체적으로 삼각형 형태를 하고 있으며 얇아 잘 부스러진다. 미네랄과 단백질이 많은 저칼로리, 저지방 식품으로 성장기 어린이들의 발육 촉진은 물론 동맥경화, 빈혈 예방, 스트레스 해소 등에도 많은 도움을 준다. 일부 지역에서 양식되기도 하지만 대부분 직접 잠수를 통해 채취하고 있으며, 근래에는 해양 오염과 무분별한 남획 등으로 점차 그 수가 감소하고 있어 산란기에는 채취를 금하고 있다. 장흥과 보령에서는 이 축제가 개최되기도 하는데, 이 조개의 이름은?

배점 : 10점

문제5

이 나라는 카리브해상에 위치했으며, 에스파냐의 지배를 거쳐 영국의 식민지가 되었지만 강력한 독립투쟁으로 마침내 1962년 독립을 하게 되었다. 입헌군주제를 채택하고 있으며, 국민 대부분은 기독교인으로 영어를 공용어로 사용하고 있다. 설탕과 보크사이트 생산, 관광의 3대 산업을 주축으로 경제가 성장하고 있으나 실업과 물가 상승이 경제 성장의 방해요인으로 작용하고 있다. 우리나라와는 영국으로부터 독립을 하던 해인 1962년 10월에 수교하였으며 우호협력 관계를 지속하고 있는 이 나라의 이름은?

배점 : 10점

디지털정보활용능력 — 인터넷정보검색 [시험시간 : 40분]

문제6

농림수산식품부가 종자개발 및 산업 기반 구축을 위해 농촌진흥청, 산림청과 함께 기획한 연구개발이 경제적 타당성을 인정받아 2012년부터 본격적으로 이 프로젝트가 추진된다. 2021년까지 10년간 총 4,911억원의 예산이 투자되는 이 프로젝트는 수출 시장 개척이 가능하고 수입대체 효과가 크며 장기적으로 수출까지 가능한 20개의 종자를 선정하여 개발할 계획이며, 민간육종연구단지 조성 및 방사선육종센터를 설립하여 함께 운영할 예정이다. 이 프로젝트의 명칭은?

배점 : 10점

문제7

(①)은/는 각종 통계자료를 국민들이 알기 쉽도록 2006년 9월 1일부터 그래프와 표로 제공해 주는 곳이다. 정부에서 엄선한 분야별이나 부처별과 같은 단위 별로 지표에 접근할 수 있는 다양한 경로와 댓글 및 질문 기능과 같은 쌍방향 의사소통 지원, 나만의 접근체계를 이용하여 빠르게 지표를 검색할 수 있는 고객 맞춤형 서비스 등 다양한 기능을 제공하고 있다. 또한 (①)을/를 이용하면 국가지정문화재 현황도 확인할 수 있는데, 2011년도 국가지정문화재 현황을 살펴보면 천연기념물로 (②) 건이 지정되어 있음을 알 수 있다.

배점 : ① 10점   ② 10점

문제8

교수단체에 의해 창간된 교수신문은 2001년부터 매년 연말에 한해의 사회상 및 시대상을 함축하거나 표현할 수 있는 사자성어를 선정하여 발표하고 있다. 2011년에는 '귀를 막고 종을 훔친다'는 뜻의 엄이도종(掩耳盜鐘)을 선정하여 각종 사건과 정책 처리 과정에서 나타난 문제들을 비판하기도 하였다. 2004년에 선정하여 발표한 이것은 중국 한(漢)시대 어린 나이에 즉위한 황제를 둘러싸고 외척 및 환관, 선비 집단이 의견을 달리하는 사람들을 배격하며 정권 다툼을 벌인데서 유래하여 한 무리에 속한 사람들이 다른 무리의 사람을 무조건 배격하는 것을 이르는 말은?

배점 : 10점

제10회 실전모의고사

[DIAT; Digital Information Ability Test]

- 시험과목 : 인터넷정보검색
- 시험일자 : 20XX. XX. XX(X)
- 수검자 기재사항 및 감독자 확인

수 검 번 호	DII - XXXX -	감독관 확인
성 명		

수검자 유의사항

1. 수검자는 신분증을 지참하여야 시험에 응시할 수 있으며, 미지참 시 퇴실 조치합니다.
2. 시스템(PC작동여부, 네트워크 상태 등)의 이상여부를 반드시 확인하여야 하며, 시스템 이상이 있을시 감독관에게 조치를 받으셔야 합니다.
3. 시험 중 시스템 오류 또는 시스템 다운 증상에 대해서는 수험자 본인에게 책임이 있습니다.
4. 시험 중 부주의 또는 고의로 시스템을 파손한 경우는 수검자 부담으로 합니다.
5. 답안 전송 프로그램을 통하여 자동으로 다운로드 받은 파일을 이용하여 답안파일을 작성하시기 바랍니다.
6. 작성한 답안 파일은 답안 전송 프로그램을 통하여 자동으로 전송됩니다. 감독위원의 지시에 따라 주시기 바랍니다.
7. 다음사항의 경우 실격(0점) 혹은 부정행위 처리됩니다.
    1) 답안을 저장하지 않았거나, 저장한 파일이 손상되었을 경우
    2) 답안파일을 다른 보조 기억장치(디스켓, USB) 혹은 네트워크(메신저, 게시판 등)로 전송할 경우
    3) 휴대용 전화기 등 통신장비를 사용할 경우
8. 시험의 완료는 작성이 완료된 답안을 저장하고, 답안 전송이 완료된 상태를 확인한 것으로 합니다. 답안 전송 확인 후 문제지는 감독위원에게 제출한 후 퇴실하여야 합니다.
9. 답안전송이 완료된 경우에는 수정 또는 정정이 불가능합니다.
10. 시험시행 후 문제 공개 및 합격자 발표는 홈페이지(www.diat.or.kr)에서 확인하시기 바랍니다.
    1) 문제 및 정답 공개 : 20XX. XX. XX(X)
    2) 합격자 발표 : 20XX. XX. XX(X)

디지털정보활용능력 — 인터넷정보검색 [시험시간 : 40분]

유의사항

- 답안지 파일에 수검번호, 성명을 정확히 기재하여 주십시오.
- 답안지의 URL란에는 반드시 정답의 내용이 나타나는 웹 페이지의 절대경로를 기재하고, 한 개의 URL만 기재하십시오.
  (만일 프레임구조의 웹 페이지에서 주소 표시줄에 나타나는 URL만으로는 정답이 위치한 하부의 페이지를 찾을 수 없을 경우 정답으로 인정하지 않음)
  ※ 절대경로란? : 해당 웹 페이지에서 마우스 오른쪽 버튼을 클릭한 후 [등록 정보] 또는 [속성] 항목을 선택한 화면에 나타나는 주소(URL)
- 검색엔진의 '웹페이지' 검색에서 [미리보기]에 해당하는 URL을 기재한 경우 오답 처리됩니다.
- 회원가입 및 등업 후 내용 확인이 가능한 포털의 카페, 블로그, 지식검색, 댓글, 소셜 네트워크 등의 URL은 정답으로 인정되지 않습니다.
- 첨부파일에서 답안을 찾은 경우 첨부파일까지의 URL을 정확히 기재하지 않은 경우 오답 처리됩니다.
  (예 : http://www.diat.or.kr/aa.hwp – 정답)

문제1

최저임금제도란 근로자에 대한 최소한의 생활안정을 위해 국가가 법으로 강제하여 근로자 임금의 최저수준을 보장하고 그 이상의 임금이 지급될 수 있도록 근로자를 보호하는 제도이다. 우리나라는 근로자, 사용자, 공익을 대표하는 총 27명의 위원으로 구성된 (①)에서 매년 최저임금액, 결정단위, 적용시기 등을 심의·의결하여 정부에 제출하고 있으며 매년 8월 5일까지 고용노동부장관이 그 내용을 결정하고 있다. (①)의 제1대 ~ 제3대까지의 위원장으로는 (②) 교수가 역임하였다.

배점 : ① 10점   ② 10점

문제2

이것은 19세기 후반 이탈리아의 악기 제조인인 주세페 도나티가 로마시대부터 장난감으로 사용되어 오던 것을 현대적으로 개량하고 발전시킨 취주악기이다. 이탈리아어로 '작은 거위'를 의미하는데 모양 또한 작은 새를 닮았다. 주로 흙 또는 도자기로 만들지만, 금속이나 플라스틱으로 만들어진 것도 있다. 4~13개의 손가락 구멍이 있으며, 10도 정도의 음역을 가진다. 소리가 맑으면서도 소박하여 유럽뿐만 아니라 전 세계적으로 많은 사람들이 애용하고 있는 이 악기의 이름은?

배점 : 10점

디지털정보활용능력 — 인터넷정보검색 [시험시간 : 40분]

문제3

버뮤다 삼각지대는 미국의 남동쪽 대서양 연안 부근에 위치한 삼각 모양의 해역을 말한다. 예전부터 비행기나 선박 또는 승무원이 알 수 없는 이유로 실종되는 등 각종 미스터리한 사건으로 유명한 곳이다. 하지만 2010년 8월 호주의 조세프 모니건 교수가 이끄는 연구진이 발표한 논문에 따르면 버뮤다 삼각지대에서 발생하는 각종 사건의 원인은 외계인의 소행이나 시간편차 등이 아닌 바닷속 깊은 곳에서 올라오는 이것으로 인한 자연현상 때문이라는 가설을 제기하였다. 가설로 제기된 이 물질은?

배점 : 10점

문제4

2009년 방송된 '슈퍼스타K'의 성공 이후 각 방송사별로 앞 다투어 서바이벌 오디션 프로그램을 제작하고 있다. 국내 최대 가요 기획사인 YG·JYP·SM 엔터테인먼트가 참여하는 SBS의 'K팝 스타', 아마추어 밴드들이 경연을 펼치는 KBS의 'TOP 밴드', 가수들이 매회 노래를 불러 심사를 받는 MBC의 '나는 가수다', 목소리만으로 선발된 팀원 간의 배틀과 생방송 무대를 통해 최고의 보컬리스트를 찾는 엠넷(Mnet)의 케이블 프로그램 이름은?

배점 : 10점

문제5

예금자보호제도란 금융기관이 경영부실, 인가취소, 부도 등으로 영업정지 또는 파산하여 고객의 금융자산을 지급하지 못하는 지급불능 사태에 빠질 경우 이곳이 금융기관으로부터 미리 보험료를 받아 적립한 기금으로 예금자의 금융자산을 1인당 최고 5천만원까지 보전해 주기 위한 제도이다. 예금자보호법에 따라 예금보험 가입 금융기관이 취급하는 예금 등에 대해서만 보호를 하고 있으며, 실적 배당형 상품인 투자신탁 상품은 보호대상에서 제외하고 있는 이 기관의 이름은?

배점 : 10점

디지털정보활용능력 — 인터넷정보검색 [시험시간 : 40분]

문제6

국제축구연맹(FIFA)은 세계 축구경기를 총괄하는 단체로 1904년에 창설된 국제기구이다. 4년마다 열리는 FIFA 월드컵을 비롯하여 각종 축구대회를 개최하고 있으며, 본부는 스위스 취리히에 두고 있다. 조직은 집행위원회를 포함한 25개의 상임위원회로 구성되어 있으며, 집행위원회는 회장과 8명의 부회장, 그리고 15명의 위원으로 구성된다. 2012년 현재 FIFA 회장은 1998년에 8대 회장으로 취임한 스위스 출신의 이 사람으로 회장으로 임기는 2015년까지이다. 이 사람의 이름은?

배점 : 10점

문제7

(①)은/는 안전기준 및 보건기준과 그에 따른 시행에 필요한 사항을 규정한 것으로, 작업장의 위험예방·방지, 근로자의 건강장해 예방 등에 관한 기준을 명시하고 있으며 2012년 5월 31일 개정/시행되고 있다. (①)에서는 사업주는 밀폐공간에서 근로자가 종사하는 경우에 작업 시작 전과 작업 중에 해당 작업장이 적정공기 상태가 유지될 수 있게 환기하도록 규정하고 있다. 여기에서의 적정공기란 산소의 농도가 18% 이상 23.5% 미만, 탄산가스의 농도가 1.5% 미만, (②)의 농도가 10ppm 미만인 수준의 공기를 말한다.

배점 : ① 10점   ② 10점

문제8

도서관 열람실이란 자료가 비치되어 있지 않고 대출한 자료나 개인 도서를 가지고 자유롭게 이용할 수 있는 시설로, 서울대학교 중앙도서관은 6개의 대형 열람실을 갖추고 있으며, 총 좌석규모는 3,354석이다. 그중 제1, 2, 3열람실은 서울대학교 재학생, 휴학생, 졸업생(출입증 소지)만 이용할 수 있으며, 제5, 6열람실은 지역주민도 이용할 수 있도록 개방하고 있다. 하지만 본교생의 학습 환경 유지를 위해 부분적으로 열람실 출입을 금하고 있는데, 그 조건은?

배점 : 10점

실전모의고사

[DIAT; Digital Information Ability Test]

- 시험과목 : 인터넷정보검색
- 시험일자 : 20XX. XX. XX(X)
- 수검자 기재사항 및 감독자 확인

수 검 번 호	DII - XXXX -	감독관 확인
성 명		

수검자 유의사항

1. 수검자는 신분증을 지참하여야 시험에 응시할 수 있으며, 미지참 시 퇴실 조치합니다.
2. 시스템(PC작동여부, 네트워크 상태 등)의 이상여부를 반드시 확인하여야 하며, 시스템 이상이 있을시 감독관에게 조치를 받으셔야 합니다.
3. 시험 중 시스템 오류 또는 시스템 다운 증상에 대해서는 수험자 본인에게 책임이 있습니다.
4. 시험 중 부주의 또는 고의로 시스템을 파손한 경우는 수검자 부담으로 합니다.
5. 답안 전송 프로그램을 통하여 자동으로 다운로드 받은 파일을 이용하여 답안파일을 작성하시기 바랍니다.
6. 작성한 답안 파일은 답안 전송 프로그램을 통하여 자동으로 전송됩니다. 감독위원의 지시에 따라 주시기 바랍니다.
7. 다음사항의 경우 실격(0점) 혹은 부정행위 처리됩니다.
    1) 답안을 저장하지 않았거나, 저장한 파일이 손상되었을 경우
    2) 답안파일을 다른 보조 기억장치(디스켓, USB) 혹은 네트워크(메신저, 게시판 등)로 전송할 경우
    3) 휴대용 전화기 등 통신장비를 사용할 경우
8. 시험의 완료는 작성이 완료된 답안을 저장하고, 답안 전송이 완료된 상태를 확인한 것으로 합니다. 답안 전송 확인 후 문제지는 감독위원에게 제출한 후 퇴실하여야 합니다.
9. 답안전송이 완료된 경우에는 수정 또는 정정이 불가능합니다.
10. 시험시행 후 문제 공개 및 합격자 발표는 홈페이지(www.diat.or.kr)에서 확인하시기 바랍니다.
    1) 문제 및 정답 공개 : 20XX. XX. XX(X)
    2) 합격자 발표 : 20XX. XX. XX(X)

디지털정보활용능력 — 인터넷정보검색 [시험시간 : 40분]

유의사항

- 답안지 파일에 수검번호, 성명을 정확히 기재하여 주십시오.
- 답안지의 URL란에는 반드시 정답의 내용이 나타나는 웹 페이지의 절대경로를 기재하고, 한 개의 URL만 기재하십시오.
  (만일 프레임구조의 웹 페이지에서 주소 표시줄에 나타나는 URL만으로는 정답이 위치한 하부의 페이지를 찾을 수 없을 경우 정답으로 인정하지 않음)
  ※ 절대경로란? : 해당 웹 페이지에서 마우스 오른쪽 버튼을 클릭한 후 [등록 정보] 또는 [속성] 항목을 선택한 화면에 나타나는 주소(URL)
- 검색엔진의 '웹페이지' 검색에서 [미리보기]에 해당하는 URL을 기재한 경우 오답 처리됩니다.
- 회원가입 및 등업 후 내용 확인이 가능한 포털의 카페, 블로그, 지식검색, 댓글, 소셜 네트워크 등의 URL은 정답으로 인정되지 않습니다.
- 첨부파일에서 답안을 찾은 경우 첨부파일까지의 URL을 정확히 기재하지 않은 경우 오답 처리됩니다.
  (예 : http://www.diat.or.kr/aa.hwp – 정답)

문제1

핵안보정상회의는 핵무기 및 원전 보유국들이 참여하는 국제회의로, 2009년 4월 오바마 미국 대통령이 (①) 선언에서 핵안보 강화의 필요성을 제기하면서 발족하였다. 2010년 4월 미국 워싱턴에서 제1차 핵안보정상회의가 개최되었으며, 제2차 핵안보정상회의는 2012년 3월 대한민국 서울에서 개최되었다. 53개국 정상급 인사와 4개 국제기구 대표가 참석한 '2012 서울 핵안보정상회의'에서는 핵안보를 위한 구체적인 실천방안을 담은 합의문인 (②)을/를 채택하였다.

배점 : ① 10점   ② 10점

문제2

영화나 드라마에서 유명한 인사나 배우가 갑자기 짧게 등장하여 연기하는 것을 것으로 이것은 자칫 지루해지기 쉬운 순간에 관객이나 시청자들에게 재미와 웃음을 선사할 수 있는 촉매제 역할을 한다. 감독 본인이 만든 영화에 출연하는 경우도 있고, 영화나 드라마의 홍보와 흥행을 위해 유명 배우가 출연하는 경우도 있다. 야구선수 이대호는 윤제균 감독의 영화 '해운대'에 이것으로 출연하여 화제가 되기도 한 이것의 용어는?

배점 : 10점

디지털정보활용능력 인터넷정보검색 [시험시간 : 40분]

문제3

지진(earthquake)은 지구 내부의 에너지가 지표로 급격하게 방출되면서 땅이 갈라지고 진동하는 현상이다. 2011년 3월 11일 일본 도호쿠(東北) 지방에서 발생한 대지진은 일본 관측 사상 최대인 리히터 규모 9.0의 지진이었다. 사망 및 실종자만 2만여 명이 넘었으며 지상으로 밀려든 대규모 쓰나미로 인해 전력 공급이 중단되면서 후쿠시마현의 원자력발전소에서 방사능 물질이 유출되기도 하였다. 우리나라 또한 지진발생 횟수가 점차 증가하고 있는데, 2011년도 우리나라에서 발생한 지진의 총 횟수는?

배점 : 10점

문제4

'학교·여성폭력피해자등 긴급지원센터'는 각종 폭력으로 부터 피해자의 인권을 보호하고 신속한 구조를 위한 긴급지원 업무를 담당하는 곳으로, 24시간 상주하는 상담원이 전화나 문자, 인터넷, 방문 등을 통하여 신고접수 및 상담을 받고 있다. 피해자의 요청에 따라 상담원과의 일대일 상담 서비스도 진행하고 있으며, 접수된 내역에 대해서는 사건이 종결될 때까지 피해자를 지원하고 있다. 또한 피해자를 위한 법률 지원과 여성·청소년범죄관련 다양한 정보도 제공하고 있다. 전화로 신고할 경우 국번 없이 눌러야 하는 번호는?

배점 : 10점

문제5

이것은 바이러스성 피부질환의 일종으로, 수두를 일으킨 후 잠복하여 있다가 신체의 저항력이 떨어지면 다시 증식하여 그 신경이 분포하는 피부에 발진과 물집의 증상을 유발시키고 통증을 발생시키는 질병이다. 주로 5~60대 이후의 성인들에게서 발병하지만 최근에는 젊은 층에서도 자주 발병하고 있다. 특별한 예방법이 없으므로 평소에 건강한 생활습관을 유지하는 것이 중요하며, 증상이 시작되면 서둘러 전문의를 찾아 치료를 받아야 하는 이 질환의 이름은?

배점 : 10점

디지털정보활용능력   인터넷정보검색 [시험시간 : 40분]

문제6

대한민국의 대표 피겨 스케이팅 선수 김연아는 초등학교 시절부터 각종 국내 피겨 스케이트 대회를 석권하며 그 재능을 보여주었다. 12살 때에 대한민국 피겨 스케이터로서는 최초로 트리플 점프 5종을 모두 완성하였고 중학교 1학년 때에는 당당히 국가대표로 선발되기도 하였다. 2004년 ISU 주니어 그랑프리 파이널 2위를 시작으로 2010년 밴쿠버 동계 올림픽 여자 싱글에서 챔피언에 등극하여 국민들에게 뜨거운 감동을 주었다. 2018 평창 동계올림픽 유치에 기여한 공로로 2012년 1월에 받은 국민 훈장 이름은?

배점 : 10점

문제7

(①)은/는 조선 후기의 실학자 서유구(1764~1845)가 저술한 농업 백과사전으로, 당시의 지식을 16개로 분류하여 정리하였으며, 총 113권 52책으로 구성되어 있다. 공동 집필이 아니라 서유구 혼자 손으로 써서 (①)을/를 완성하였는데 이는 정말 기적에 가까운 일로 사전의 내용은 영국의 브리태니커 백과사전과 비교될 정도로 훌륭하다고 평가받고 있다. 조선시대 최고의 실학자 정약용과 비견할 만한 학자 서유구의 본관은 달성, 자는 준평, 호는 (②)이다.

배점 : ① 10점   ② 10점

문제8

남극대륙은 엄청난 지하자원 때문에 오래전부터 각국에서 남극 영유권을 주장해왔다. 하지만 1959년 미국을 중심으로 체결된 남극 조약에 따라 영유권 분쟁이 유보되었고, 현재는 순수 연구 목적의 과학기지만 허용되고 있다. 우리나라는 1988년 남극세종과학기지 건설에 이어 2006년부터 기지 건설을 추진하고 있으며 2014년 완공을 목표로 하고 있다. 남극 본대륙(테라노바베이)에 위치하고 있어 남극해를 중심으로 한 본격적인 연구가 가능할 것으로 전망되는 이 기지의 이름은?

배점 : 10점

실전모의고사

[DIAT; Digital Information Ability Test]

- 시험과목 : 인터넷정보검색
- 시험일자 : 20XX. XX. XX(X)
- 수검자 기재사항 및 감독자 확인

수 검 번 호	DII - XXXX -	감독관 확인
성 명		

수검자 유의사항

1. 수검자는 신분증을 지참하여야 시험에 응시할 수 있으며, 미지참 시 퇴실 조치합니다.

2. 시스템(PC작동여부, 네트워크 상태 등)의 이상여부를 반드시 확인하여야 하며, 시스템 이상이 있을시 감독관에게 조치를 받으셔야 합니다.

3. 시험 중 시스템 오류 또는 시스템 다운 증상에 대해서는 수험자 본인에게 책임이 있습니다.

4. 시험 중 부주의 또는 고의로 시스템을 파손한 경우는 수검자 부담으로 합니다.

5. 답안 전송 프로그램을 통하여 자동으로 다운로드 받은 파일을 이용하여 답안파일을 작성하시기 바랍니다.

6. 작성한 답안 파일은 답안 전송 프로그램을 통하여 자동으로 전송됩니다. 감독위원의 지시에 따라 주시기 바랍니다.

7. 다음사항의 경우 실격(0점) 혹은 부정행위 처리됩니다.

   1) 답안을 저장하지 않았거나, 저장한 파일이 손상되었을 경우
   2) 답안파일을 다른 보조 기억장치(디스켓, USB) 혹은 네트워크(메신저, 게시판 등)로 전송할 경우
   3) 휴대용 전화기 등 통신장비를 사용할 경우

8. 시험의 완료는 작성이 완료된 답안을 저장하고, 답안 전송이 완료된 상태를 확인한 것으로 합니다. 답안 전송 확인 후 문제지는 감독위원에게 제출한 후 퇴실하여야 합니다.

9. 답안전송이 완료된 경우에는 수정 또는 정정이 불가능합니다.

10. 시험시행 후 문제 공개 및 합격자 발표는 홈페이지(www.diat.or.kr)에서 확인하시기 바랍니다.

    1) 문제 및 정답 공개 : 20XX. XX. XX(X)
    2) 합격자 발표 : 20XX. XX. XX(X)

디지털정보활용능력   인터넷정보검색 [시험시간 : 40분]

유의사항

- 답안지 파일에 수검번호, 성명을 정확히 기재하여 주십시오.
- 답안지의 URL란에는 반드시 정답의 내용이 나타나는 웹 페이지의 절대경로를 기재하고, 한 개의 URL만 기재하십시오.
  (만일 프레임구조의 웹 페이지에서 주소 표시줄에 나타나는 URL만으로는 정답이 위치한 하부의 페이지를 찾을 수 없을 경우 정답으로 인정하지 않음)
  ※ 절대경로란? : 해당 웹 페이지에서 마우스 오른쪽 버튼을 클릭한 후 [등록 정보] 또는 [속성] 항목을 선택한 화면에 나타나는 주소(URL)
- 검색엔진의 '웹페이지' 검색에서 [미리보기]에 해당하는 URL을 기재한 경우 오답 처리됩니다.
- 회원가입 및 등업 후 내용·확인이 가능한 포털의 카페, 블로그, 지식검색, 댓글, 소셜 네트워크 등의 URL은 정답으로 인정되지 않습니다.
- 첨부파일에서 답안을 찾은 경우 첨부파일까지의 URL을 정확히 기재하지 않은 경우 오답 처리됩니다.
  (예) : http://www.diat.or.kr/aa.hwp – 정답

문제1

(①)은/는 청장고원의 탕구라산에서 시작하여 동해까지 이어지는 약 6,300km에 달하는 중국 최대의 강이다. 상류구간에는 협곡이 많고 낙차가 커서 수력자원이 풍부하며, 중류구간은 낙차가 작고 호수와 지류가 많아 광활한 충적평원지대가 펼쳐져 있다. 하류구간의 경우 지형이 낮고 평탄하지만 강폭이 넓고 수심이 깊으며 강과 바다가 만나는 곳이기에 어장이 풍부하다. 중국에서는 예로부터 '하(河)'라는 글자는 (②)을/를, '강(江)'이라는 글자는 (①)을/를 가리키는 고유명사였다.

배점 : ① 10점   ② 10점

문제2

'석유왕'이라 불렸던 존 데이비슨 록펠러는 미국 내 정유소의 95%를 독점하는 스탠더드오일트러스트를 조직하면서 많은 석유회사들을 인수, 합병하였고 막대한 부를 축적하였으나 1911년 연방최고재판소로부터 이 법을 위반한 것으로 판결을 받아 회사를 해체하였다. 이후 프레데릭 게이츠 목사를 파트너로 만나면서부터 자선사업을 통해 사회에 많은 부를 환원하기도 하였다. 미국 연방의회가 시장 경쟁저해를 가져오는 산업의 독점행위를 방지하고 자유 경쟁을 촉진하기 위해 제정한 이 법률은?

배점 : 10점

디지털정보활용능력 인터넷정보검색 [시험시간 : 40분]

문제3

BC 7세기의 페르시아 지역에서부터 사용되기 시작했으며 중국에서도 13세기 무렵에 지어진 것으로 추정되고 있다. 옛날 전기가 없을 당시에 주로 낮은 곳에 있는 물을 퍼 올리거나 방앗간으로 사용하기 위해 세워졌으나 19세기 이후에는 과학기술의 발달로 그 역할이 점점 줄어들고 있다. 이것의 모양은 여러 가지가 있으며, 네덜란드에서는 주로 4개의 날개를 사용하고 있고, 최근에는 발전용으로 프로펠러형 등이 사용되고 있다. 이것의 이름은?

배점 : 10점

문제4

국무총리는 대통령의 보좌기관으로 행정각부를 통괄하며, 헌법에 의해서 설치된 기관이다. 대통령제 하에서는 국무총리라는 제도가 존재하지 않았으나 우리나라 제헌 초기의 정부형태는 대통령제 원칙에 국무원제, 국무총리 제도를 두어 의원내각제적 요소를 가미하고 있었다. 우리나라 제1대 국무총리인 이 사람은 1948년 국회의 인준을 얻어 초대 총리로 임명되었으며, 초대 국방부 장관을 겸하기도 하였다. 이 사람의 이름은?

배점 : 10점

문제5

첨단 단열공법을 이용해 난방이 없이도 지낼 수 있는 건축물을 말하며, 연간 요구 에너지양이 제곱미터당 10w이하로 에너지의 낭비를 최소한으로 줄일 수 있는 건축물을 뜻하기도 한다. 건물 지붕과 벽, 바닥 등을 고단열, 고기밀로 시공하며 환기된 열을 다시 흡수할 수 있는 열교환환기장치를 설치하기도 한다. 북유럽에서 폭발적인 인기를 얻고 있는 주택방식으로, 최근 우리나라에서도 친환경, 저에너지 건축 기술과 함께 많은 관심이 집중되고 있는 이 건축물은?

배점 : 10점

디지털정보활용능력 — 인터넷정보검색 [시험시간 : 40분]

문제6

이것은 국가의 모든 문헌을 수집, 정리, 보존하며 이를 국민에게 공개하여 조사, 연구, 학습, 기타 사회교육 등에 기여함을 목적으로 하고 있다. 또한 국내의 모든 출판물을 납본 받아 수집 및 보관하고, 외국의 중요 도서관 및 문화기관과 교류 및 자료를 상호 교환하며, 도서관의 진흥을 촉진하기 위한 조사와 연구 등을 담당하고 있다. 최근에는 군부대와 교도소에 도서관을 운영하여 사회와 단절되어 있는 공간에서 책을 통하여 사회에 적응할 수 있는 환경을 만들고 있는 이 기관의 이름은?

배점 : 10점

문제7

(①)은/는 우리나라에서 현존하는 역사서 중 가장 오래된 책으로 신라, 고구려, 백제의 흥망과 변천의 내용을 담고 있다. 고려시대 1145년(인종 23) 국왕의 명을 받아, 김부식을 중심으로 총 11명이 참여하여 (①)을/를 편찬하였으며, 이를 통해 문벌귀족간의 갈등과 대립으로 인한 국가의 분열은 국가를 망하게 하는 원인임을 역사의 교훈을 통하여 후세에 알리고자 하였다. (①)은/는 현재 국내의 (②)에 보관되어 있으며 총 9책 50권으로 구성되어 있다.

배점 : ① 10점   ② 10점

문제8

북한의 군징병제도를 살펴보면 만 14세가 되면 징집대상자로 등록되고 16세 때 신체검사를 받게 되며, 대학생은 2학년 재학 시 6개월간 군부대 입소훈련 후 예비역 소위로 임관하게 된다. 북한의 군복무연한은 지상군의 경우 3년 6개월, 해·공군의 경우 5~8년을 복무하였으나 1993년 4월부터는 이 제도를 실시하여 10년간 복무하도록 정하였고, 1996년 10월에는 다시 조례를 변경하여 복무 연령을 남자는 30세, 여자는 26세, 여자 군관은 28세로 연장하여 복무하도록 한 북한의 군징병제도는?

배점 : 10점

실전모의고사
[DIAT; Digital Information Ability Test]

- 시험과목 : 인터넷정보검색
- 시험일자 : 20XX. XX. XX(X)
- 수검자 기재사항 및 감독자 확인

수 검 번 호	DII - XXXX -	감독관 확인
성 명		

수검자 유의사항

1. 수검자는 신분증을 지참하여야 시험에 응시할 수 있으며, 미지참 시 퇴실 조치합니다.
2. 시스템(PC작동여부, 네트워크 상태 등)의 이상여부를 반드시 확인하여야 하며, 시스템 이상이 있을시 감독관에게 조치를 받으셔야 합니다.
3. 시험 중 시스템 오류 또는 시스템 다운 증상에 대해서는 수험자 본인에게 책임이 있습니다.
4. 시험 중 부주의 또는 고의로 시스템을 파손한 경우는 수검자 부담으로 합니다.
5. 답안 전송 프로그램을 통하여 자동으로 다운로드 받은 파일을 이용하여 답안파일을 작성하시기 바랍니다.
6. 작성한 답안 파일은 답안 전송 프로그램을 통하여 자동으로 전송됩니다. 감독위원의 지시에 따라 주시기 바랍니다.
7. 다음사항의 경우 실격(0점) 혹은 부정행위 처리됩니다.
   1) 답안을 저장하지 않았거나, 저장한 파일이 손상되었을 경우
   2) 답안파일을 다른 보조 기억장치(디스켓, USB) 혹은 네트워크(메신저, 게시판 등)로 전송할 경우
   3) 휴대용 전화기 등 통신장비를 사용할 경우
8. 시험의 완료는 작성이 완료된 답안을 저장하고, 답안 전송이 완료된 상태를 확인한 것으로 합니다. 답안 전송 확인 후 문제지는 감독위원에게 제출한 후 퇴실하여야 합니다.
9. 답안전송이 완료된 경우에는 수정 또는 정정이 불가능합니다.
10. 시험시행 후 문제 공개 및 합격자 발표는 홈페이지(www.diat.or.kr)에서 확인하시기 바랍니다.
    1) 문제 및 정답 공개 : 20XX. XX. XX(X)
    2) 합격자 발표 : 20XX. XX. XX(X)

디지털정보활용능력   인터넷정보검색 [시험시간 : 40분]

유의사항

- 답안지 파일에 수검번호, 성명을 정확히 기재하여 주십시오.
- 답안지의 URL란에는 반드시 정답의 내용이 나타나는 웹 페이지의 절대경로를 기재하고, 한 개의 URL만 기재하십시오.
  (만일 프레임구조의 웹 페이지에서 주소 표시줄에 나타나는 URL만으로는 정답이 위치한 하부의 페이지를 찾을 수 없을 경우 정답으로 인정하지 않음)
  ※ 절대경로란? : 해당 웹 페이지에서 마우스 오른쪽 버튼을 클릭한 후 [등록 정보] 또는 [속성] 항목을 선택한 화면에 나타나는 주소(URL)
- 검색엔진의 '웹페이지' 검색에서 [미리보기]에 해당하는 URL을 기재한 경우 오답 처리됩니다.
- 회원가입 및 등업 후 내용 확인이 가능한 포털의 카페, 블로그, 지식검색, 댓글, 소셜 네트워크 등의 URL은 정답으로 인정되지 않습니다.
- 첨부파일에서 답안을 찾은 경우 첨부파일까지의 URL을 정확히 기재하지 않은 경우 오답 처리됩니다.
  (예 : http://www.diat.or.kr/aa.hwp - 정답)

문제1

(①) 미술은 19세기 후반, 프랑스를 중심으로 시작된 미술 사조 중 하나이다. (①) 미술은 빛의 변화에 따라 다양하게 움직이는 색채의 미묘한 변화를 일일이 표현하면서 자연을 묘사하며, 질감을 처리할 때 솜이나 붓, 칫솔 등의 작은 소도구를 이용하여 물감을 묻혀 찍는 기법을 많이 사용한다. (①) 미술을 추진한 화가들을 (②)고/라고 하며, (②)의 대표적인 화가는 폴 세잔, 빈센트 반 고흐, 폴 고갱, 클로드 모네, 에드가 드가 등이 있다.

배점 : ① 10점   ② 10점

문제2

우리나라 경찰은 1945년 광복된 직후 미국정청에 경무국이 설치되고, 각 도에 경찰부를 창설하면서부터 시작되었으며, 이에 따라 미군정하에서 제작된 흰머리 독수리 심벌을 경찰 심벌로 사용하게 되었다. 하지만 한국에 서식하지 않는 흰머리 독수리 심벌로 정체성 논란이 일어나자 경찰청은 창설 60주년을 맞이하여 우리나라 천연기념물인 이것을 경찰 심벌로 변경하였다. 경찰 심벌 중 무궁화는 국가와 국민을 상징화하고 경찰을 상징화하는 이것은?

배점 : 10점

디지털정보활용능력 인터넷정보검색 [시험시간 : 40분]

문제3

온대 또는 아열대 지방에서 총 30여종이 서식하는 뽕나무는 쌍떡잎 식물과이며, 국내에는 산상, 백상, 노상의 3종이 재배되고 있다. 뽕나무는 소화를 촉진하여 방귀를 발생시키기 때문에 그 방귀소리를 본 따서 이름이 명명되어졌다고 한다. 뽕나무의 잎은 누에 사육에 사용되며, 열매는 술로 담가 먹기도 한다. 뿌리껍질은 한방으로 쓰여 해열, 진해, 이뇨제 등에 사용된다. 뽕잎을 먹는 누에가 고치가 되면 실을 뽑아 섬유자원으로 쓰기도 하는 이 열매의 이름은?

배점 : 10점

문제4

인도는 세계 4대 문명 중 '인더스 문명'의 발상지로 화려한 번성시대를 누리기도 하였으나 수많은 민족의 영토분쟁이 끊이지 않았던 곳이기도 하다. 인도가 철기 문화로 변모하기 시작한 계기는 철기를 사용한 아리아인들의 침입으로 베다문화가 들어왔기 때문이며, 그 사실은 고대문헌을 통해 확인할 수 있다. 아리아인이 인도에 침입한 이후 성립된 최초이자 가장 오래된 종교적 문헌으로, 인도의 청동기 문명과 철기 문명을 구별 짓는 수단이기도한 이 문헌의 이름은?

배점 : 10점

문제5

참배란 순국선열 및 호국영령들의 충의와 위훈을 기리기 위하여 현충탑 또는 묘비에서 추모의 뜻을 나타내는 행위로, 나라를 위해 희생정신을 보여 주신 분들에 대하여 감사의 마음을 표하는 것을 말한다. 하지만 일생생활 속에서 일반인이나 유가족들이 추모 장소를 자주 방문하기란 쉬운 일이 아니다. 이에 서울현충원에서는 시간과 공간의 제약으로 자주 방문하지 못하는 사람들을 위해 온라인상에서 참배를 할 수 있도록 서비스하고 있는 이것은?

배점 : 10점

디지털정보활용능력 인터넷정보검색 [시험시간 : 40분]

문제6

강가에서 뗏목을 타고 다니는 것으로 세계 2차 대전이 끝난 후, 해러 앨러슨과 조지 헤이트가 부산물로 남은 군사용 고무보트를 사용하여 콜로라도 강 하류로 내려간 사실이 전해지면서 시작되었다. 재미와 스릴을 즐기려는 대학생 및 전문 동호인 클럽을 중심으로 크게 보급되어 왔으며, 보다 안전하고 다루기 쉬운 장비가 개발되어 기업체나 학교 단체의 야외 교육으로 적극 활용되는 등 현대인의 수상레저의 중심으로 자리 잡고 있는 이것은?

배점 : 10점

문제7

(①)은/는 국가기준점을 설치 및 관리하고 국가기본도를 제작하여 공급하는 곳으로 국내에서 사용 중인 모든 측량성과와 지도는 (①)에서 제작 및 공급한 국가기준점 및 기본도를 기준으로 하고 있다. (①)은/는 국토지리 조사와 지명정비, 인문지리 데이터베이스 구축, 지도박물관 운영 등의 다양한 업무를 수행하고 있다. 또한 종이와 수치 등으로 구분된 지도를 제작하여 축척별로 일반인에게 판매하고 있으며, 종이지도의 연안해역도는 (②)원에 판매하고 있다.

배점 : ① 10점　　　　② 10점

문제8

지능형 범죄가 날로 증가하면서 범죄 예방을 위한 기술도 날로 발전하고 있다. 그 중에서 범죄를 구별해 내는 방법 중 하나인 감정법은 필적, 문서, 지문, 인영, 영상감정법, 이것 등으로 구분되는데, 이중 흔하게 감정하는 지문 감정법은 증거물이 꼭 있어야만 관련 지문을 채취할 수 있어서 상당한 주의를 요한다. 반면에, 이것은 순간의 뇌세포의 뇌하수체와 시놉시스의 흐름변화, 얼굴 근육의 움직임을 기계를 통해 초정밀하게 관찰하여 거짓말 여부를 탐지하는 것으로 반드시 1:1 측정이 필수사항이다. 범죄수사와 용의자의 거짓말을 잡아내는 것에 매우 유용한 이 감정법은?

배점 : 10점

제14회 실전모의고사
[DIAT; Digital Information Ability Test]

- 시험과목 : 인터넷정보검색
- 시험일자 : 20XX. XX. XX(X)
- 수검자 기재사항 및 감독자 확인

수 검 번 호	DII - XXXX -	감독관 확인
성 명		

수검자 유의사항

1. 수검자는 신분증을 지참하여야 시험에 응시할 수 있으며, 미지참 시 퇴실 조치합니다.
2. 시스템(PC작동여부, 네트워크 상태 등)의 이상여부를 반드시 확인하여야 하며, 시스템 이상이 있을시 감독관에게 조치를 받으셔야 합니다.
3. 시험 중 시스템 오류 또는 시스템 다운 증상에 대해서는 수험자 본인에게 책임이 있습니다.
4. 시험 중 부주의 또는 고의로 시스템을 파손한 경우는 수검자 부담으로 합니다.
5. 답안 전송 프로그램을 통하여 자동으로 다운로드 받은 파일을 이용하여 답안파일을 작성하시기 바랍니다.
6. 작성한 답안 파일은 답안 전송 프로그램을 통하여 자동으로 전송됩니다. 감독위원의 지시에 따라 주시기 바랍니다.
7. 다음사항의 경우 실격(0점) 혹은 부정행위 처리됩니다.
    1) 답안을 저장하지 않았거나, 저장한 파일이 손상되었을 경우
    2) 답안파일을 다른 보조 기억장치(디스켓, USB) 혹은 네트워크(메신저, 게시판 등)로 전송할 경우
    3) 휴대용 전화기 등 통신장비를 사용할 경우
8. 시험의 완료는 작성이 완료된 답안을 저장하고, 답안 전송이 완료된 상태를 확인한 것으로 합니다. 답안 전송 확인 후 문제지는 감독위원에게 제출한 후 퇴실하여야 합니다.
9. 답안전송이 완료된 경우에는 수정 또는 정정이 불가능합니다.
10. 시험시행 후 문제 공개 및 합격자 발표는 홈페이지(www.diat.or.kr)에서 확인하시기 바랍니다.
    1) 문제 및 정답 공개 : 20XX. XX. XX(X)
    2) 합격자 발표 : 20XX. XX. XX(X)

한국정보통신진흥협회 KAIT

디지털정보활용능력

인터넷정보검색 [시험시간 : 40분]

유의사항

- 답안지 파일에 수검번호, 성명을 정확히 기재하여 주십시오.
- 답안지의 URL란에는 반드시 정답의 내용이 나타나는 웹 페이지의 절대경로를 기재하고, 한 개의 URL만 기재하십시오.
  (만일 프레임구조의 웹 페이지에서 주소 표시줄에 나타나는 URL만으로는 정답이 위치한 하부의 페이지를 찾을 수 없을 경우 정답으로 인정하지 않음)
  ※ 절대경로란? : 해당 웹 페이지에서 마우스 오른쪽 버튼을 클릭한 후 [등록 정보] 또는 [속성] 항목을 선택한 화면에 나타나는 주소(URL)
- 검색엔진의 '웹페이지' 검색에서 [미리보기]에 해당하는 URL을 기재한 경우 오답 처리됩니다.
- 회원가입 및 등업 후 내용 확인이 가능한 포털의 카페, 블로그, 지식검색, 댓글, 소셜 네트워크 등의 URL은 정답으로 인정되지 않습니다.
- 첨부파일에서 답안을 찾은 경우 첨부파일까지의 URL을 정확히 기재하지 않은 경우 오답 처리됩니다.
  (예 : http://www.diat.or.kr/aa.hwp - 정답)

문제1

(①)은/는 본래 미술사 분야에서 생겨난 개념으로 17세기에 기악과 성악의 양면으로 발전하였다. 기악 분야에서는 트리오소나타, 콘체르토그로소, 변주곡, 모음곡 등이 작곡되었으며, 성악 분야에서는 오페라, 오라토리오, 칸타타 등이 작곡되었다. 초기 (①)은/는 오페라의 성립과 함께 시작되었으며, 모노디원리를 사용한 몬테베르디의 (②)이/가 완성됨으로써 최초의 예술적인 오페라의 탄생을 보게 되었다. 오페라는 그 후 베네치아 악파와 나폴리 악파를 중심으로 발전하였다.

배점 : ① 10점   ② 10점

문제2

소방방재청은 각종 재난으로부터 국민의 생명과 재산을 보호하고 국토를 보존하기 위해 국가 및 지방자치단체의 재난 및 안전 관리체제를 확립하고 있다. 소방방재청의 심볼마크는 보호와 신뢰를 의미하는 이것을 모티프로 만들었으며 '국민이 편안하고 안전한 한국 실현'이라는 비전을 상징하고 있다. 심볼마크에 사용된 초록색은 안전, 보호, 희망, 평화, 생동감 등을 상징하고, 이것의 테두리 안은 '안전 문화의 터전'을 상징하며 국민의 목소리를 귀 담아 듣는 '열린 행정'을 나타낸다. 안전과 보호, 신뢰를 상징하는 심볼마크에서 형상한 이것은?

배점 : 10점

디지털정보활용능력 — 인터넷정보검색 [시험시간 : 40분]

문제3

계수나무는 버드나무 가지와 같이 가느다란 모양의 가지를 뻗는 모습으로 자라난다. 이 가지에서 '깃'이라 부르는 껍질을 벗겨낸 뒤 햇볕에 말린 후 돌돌 말면 향기로운 이것을 만들 수 있다. 섬세하고 향기로운 꽃향기를 풍기고 달콤한 맛을 지니며 후추처럼 몸을 따뜻하게 하는 작용을 하여 제과·제빵에는 물론 커피나 사탕과 같은 디저트에도 많이 사용된다. 또한 감기와 같은 소화기와 순환기 질환에 많은 도움을 주며, 혈액순환을 촉진시켜 흉복부의 냉증을 제거하는 효과가 탁월한 이것은?

배점 : 10점

문제4

중국 춘추시대의 철학자 및 정치사상가로 젊은 시절에 창고지기와 가축을 돌보는 일까지 마다하지 않았으며, 일을 하면서도 꾸준히 주나라의 관제와 예법을 공부하여 높은 학문을 성취하였고 예법 전문가로 유명해지기 시작하였다. 제자를 양성하면서 노나라의 악(樂)을 정비하기도 한 이 사상가는 출신 및 사회적 지위를 떠나서 제자를 받아들이는 유교무류 사상으로 당시 동아시아 문명권을 현세주의와 인문주의의 길로 들어서게 한 이 사람은?

배점 : 10점

문제5

차세대 이동통신 규격으로 이것은 스마트폰, 태블릿PC 등과 같은 모바일 기기의 급격한 보급 및 데이터 전송량의 증가에 따라 기존 무선 이동통신 방식을 개선하기 위한 통신 규격이다. 전 세계적으로 70% 이상 사용하고 있는 WCDMA의 후속 기술로, 기존 무선 이동 통신망과 연동이 쉽고 더욱 빨라진 전송 속도로 고화질 동영상을 실시간으로 감상할 수 있으며, 클라우드 서비스를 이용하기에 아주 적합한 이 통신 규격의 명칭은?

배점 : 10점

디지털정보활용능력 인터넷정보검색 [시험시간 : 40분]

문제6

영국의 발명가 조지 케일리가 고안한 이것은 하늘을 날고 싶은 사람들의 꿈을 실현한 장치 중 하나로, 하늘로 이륙하기 위한 날개와 조종사가 앉을 수 있는 기체, 균형과 제어를 위한 꼬리로 구성되어 있다. 케일리는 비행을 양력과 견인력, 추진력으로 정의하였으며 날개의 역할은 기체가 뜨기 위해 양력을 만들어 내는 것으로 한정시켰다. 1853년 최초로 이것을 이용하여 사람을 태운 비행에 성공하였지만 기계 동력을 이용한 비행은 훗날 라이트 형제에 의해 성공하게 되었다. 케일리가 만든 이것의 이름은?

배점 : 10점

문제7

(①)은/는 한국인터넷진흥원 내의 해킹침해사고 대응팀으로, 국내에서 운영되고 있는 전산망의 침해사고 대응 활동을 지원하고 전산망 운용기관에 대해 통일된 협조 체제를 구축하여 국제적 침해사고 대응을 위한 단일창구를 제공하기 위해 설립되었다. (①)의 주요 업무로는 전산망 보호침해사고 예방활동과 침해사고 처리 지원, 국제 사고대응 활동 참여를 위한 창구 제공 등이 있다. 해킹침해사고가 발생했을 때에는 국번 없이 (②)번을 이용해 관련 사항에 대한 도움을 받을 수 있다.

배점 : ① 10점   ② 10점

문제8

시장경제체제의 기본 원리인 '기업 간의 공정하고 자유로운 경쟁'을 보장하고 경제활동의 기본 질서를 확립하기 위해 설립되었으며, 합의제 준 사법기관으로서 독점 및 불공정거래에 관한 사안을 심의·의결하고 시장경쟁정책을 수립 및 운영하는 역할도 수행하는 국무총리 소속의 중앙행정기관이다. 주요 기능으로는 기업 간의 경쟁 촉진, 소비자의 주관 확립, 중소기업의 경제기반 확보, 대기업의 경제력 집중 억제 등이 있다. 이 기관의 이름은?

배점 : 10점

실전모의고사

- 시험과목 : 인터넷정보검색
- 시험일자 : 20XX. XX. XX(X)
- 수검자 기재사항 및 감독자 확인

수 검 번 호	DII - XXXX -	감독관 확인
성 명		

수검자 유의사항

1. 수검자는 신분증을 지참하여야 시험에 응시할 수 있으며, 미지참 시 퇴실 조치합니다.
2. 시스템(PC작동여부, 네트워크 상태 등)의 이상여부를 반드시 확인하여야 하며, 시스템 이상이 있을시 감독관에게 조치를 받으셔야 합니다.
3. 시험 중 시스템 오류 또는 시스템 다운 증상에 대해서는 수험자 본인에게 책임이 있습니다.
4. 시험 중 부주의 또는 고의로 시스템을 파손한 경우는 수검자 부담으로 합니다.
5. 답안 전송 프로그램을 통하여 자동으로 다운로드 받은 파일을 이용하여 답안파일을 작성하시기 바랍니다.
6. 작성한 답안 파일은 답안 전송 프로그램을 통하여 자동으로 전송됩니다. 감독위원의 지시에 따라 주시기 바랍니다.
7. 다음사항의 경우 실격(0점) 혹은 부정행위 처리됩니다.
    1) 답안을 저장하지 않았거나, 저장한 파일이 손상되었을 경우
    2) 답안파일을 다른 보조 기억장치(디스켓, USB) 혹은 네트워크(메신저, 게시판 등)로 전송할 경우
    3) 휴대용 전화기 등 통신장비를 사용할 경우
8. 시험의 완료는 작성이 완료된 답안을 저장하고, 답안 전송이 완료된 상태를 확인한 것으로 합니다. 답안 전송 확인 후 문제지는 감독위원에게 제출한 후 퇴실하여야 합니다.
9. 답안전송이 완료된 경우에는 수정 또는 정정이 불가능합니다.
10. 시험시행 후 문제 공개 및 합격자 발표는 홈페이지(www.diat.or.kr)에서 확인하시기 바랍니다.
    1) 문제 및 정답 공개 : 20XX. XX. XX(X)
    2) 합격자 발표 : 20XX. XX. XX(X)

디지털정보활용능력 — 인터넷정보검색 [시험시간 : 40분]

유의사항

- 답안지 파일에 수검번호, 성명을 정확히 기재하여 주십시오.
- 답안지의 URL란에는 반드시 정답의 내용이 나타나는 웹 페이지의 절대경로를 기재하고, 한 개의 URL만 기재하십시오.
  (만일 프레임구조의 웹 페이지에서 주소 표시줄에 나타나는 URL만으로는 정답이 위치한 하부의 페이지를 찾을 수 없을 경우 정답으로 인정하지 않음)
  ※ 절대경로란? : 해당 웹 페이지에서 마우스 오른쪽 버튼을 클릭한 후 [등록 정보] 또는 [속성] 항목을 선택한 화면에 나타나는 주소(URL)
- 검색엔진의 '웹페이지' 검색에서 [미리보기]에 해당하는 URL을 기재한 경우 오답 처리됩니다.
- 회원가입 및 등업 후 내용 확인이 가능한 포털의 카페, 블로그, 지식검색, 댓글, 소셜 네트워크 등의 URL은 정답으로 인정되지 않습니다.
- 첨부파일에서 답안을 찾은 경우 첨부파일까지의 URL을 정확히 기재하지 않은 경우 오답 처리됩니다.
  (예 : http://www.diat.or.kr/aa.hwp - 정답)

문제1

(①)은/는 2011년 4월부터 범죄에 취약한 어린이, 여성 등을 대상으로 (②)을/를 실시·운영하고 있으며, 안정적 운영과 시스템 개선을 통해 전국적으로 확대해 나갈 계획이다. (①)와/과 경찰청이 공동으로 시작한 (②)은/는 범죄예방에 대한 새로운 개념으로, 긴급한 상황 발생시 미리 등록한 휴대전화의 단축번호 또는 스마트폰의 앱을 통해 말없이 긴급구조요청을 할 수 있는 범죄예방 시스템으로, 112신고센터에 제공된 신고자의 위치정보를 이용해 신속한 대응이 가능하다.

배점 : ① 10점　　② 10점

문제2

전국재해구호협회는 재해와 재난으로 고통 받는 이웃을 돕기 위해 전국의 방송사와 신문사, 사회단체가 힘을 모아 설립한 민간 봉사단체이다. 국민의 정성과 사랑이 담긴 모금활동 및 재해구호 활동을 하고 있으며, 신속하고 체계적인 구호를 위해 물류센터 운영과 구호물품 비축, 국제협력 및 대외협력을 통해 선진화된 구호 프로그램 개발 등의 나눔 캠페인을 전개해 나가고 있다. 정기기부, 일시기부 등 여러 방식으로 기부를 할 수 있는데, 그 중 휴대폰 문자로 기부하기 위한 번호는?

배점 : 10점

디지털정보활용능력   인터넷정보검색 [시험시간 : 40분]

문제3

이것은 연극, 영화, 드라마, 추리소설 등에서 사건해결의 실마리를 풀어가는 과정에 있어 관중이나 독자에게 긴장감과 박진감을 고조시켜 흥미와 재미를 더해주는 효과 또는 기법을 말한다. 관객이나 독자에게 순간의 관심으로 사라지는 것이 아닌 지속적인 기대를 갖게 하여 프로그램 전개상에서의 지루함 등을 덜어주는 효과가 있다. 하지만 너무 불안한 상태가 지속되면 관중이나 독자로 하여금 이해도를 방해하기도 하는 이 기법의 명칭은?

배점 : 10점

문제4

스위스 취리히에서 시작된 이것은 전통적인 예술형식을 부정하고 미술가와 작가들의 본능이나 반도덕적, 비심미적, 자발성, 불합리성을 강조한 예술운동으로, 조형예술에서 문학과 음악 영역까지 포함한다. 신문이나 잡지의 글자를 잘라내어 무의미하게 나열하거나 모나리자와 같은 권위 있는 그림에 콧수염을 그리는 등 기성 권위에 대해 불신을 나타내기도 한다. 대표 작가로는 팅게리, 올덴버그, 로젠버그, 리히텐슈타인 등이 유명한 이 예술운동은?

배점 : 10점

문제5

조선 태종 때 제작된 이것은 아프리카와 유럽까지 포함하여 그려진 세계지도로, 바다를 초록색, 강을 청색으로 표시한 채색 방식은 당시에 동서 문물의 교류가 활발하였음을 암시하고 있다. 투영법이나 경위선의 개념을 고려하지 않았으며, 중국과 한반도를 크게 그린 반면 유럽 및 아프리카 대륙을 작게 그려 균형을 이루지 못한 점이 단점으로 지적되고 있다. 현재 원본은 존재하지 않고 사본만이 일본 류코쿠 대학 도서관에 보존되어 있는 지도의 이름은?

배점 : 10점

디지털정보활용능력 — 인터넷정보검색 [시험시간 : 40분]

문제6

외교관, 외교사절 등의 특정 외국인이 체류하고 있는 국가의 통치권으로부터 지배를 받지 않고 면제받는 국제법상의 권리로 형사·민사의 재판권 및 경찰권의 면제, 과세의 면제, 증언의무의 면제, 역무의 면제 등이 있으며, 원칙적으로 승인을 통해 외국의 영토에 들어간 군대도 재판권, 경찰권 및 과세권으로부터 면제된다. 최근에는 국제사법재판소의 재판관, 유엔 사무총장 등에게도 일정 범위에서 인정하고 있는 이 권리는?

배점 : 10점

문제7

(①)은/는 국가기관, 지방자치단체 등 수요기관이 필요로 하는 각종 물자나 기자재를 민간 업체로부터 구매하여 공급해주는 정부기관으로 인터넷을 통해 구매진행의 전 과정을 공개하고 있다. 또한 (①)은/는 관공서, 학교 건물과 같이 정부의 주요 시설물 공사를 계약하고 시설물들이 제대로 설치되고 있는지를 관리·감독하는 업무도 수행한다. (①)의 초대 청장으로는 (②)이/가 역임하였으며, (②)은/는 1993년 김영삼 정권 당시 제25대 국무총리를 역임하기도 하였다.

배점 : ① 10점   ② 10점

문제8

일본, 알래스카, 시베리아 등지에 분포하고 있으며 우리나라는 백령도, 대청도, 소청도 등의 연해에 많이 서식하고 있다. 몸길이가 25cm 정도이고 배지느러미가 없는 것이 특징이며, 등 쪽은 푸른색이고 배 쪽은 은백색이다. 고칼슘, 고단백질로 요리 방법도 다양하며 동해안 일부 지역에서는 회로 먹기도 한다. 또한 김치 담그는데 없어서는 안 될 중요한 재료이며, 특히 백령도 청정 지역에서 포획하여 만든 액젓은 맛과 향이 뛰어난 것으로 유명한 이 생선의 이름은?

배점 : 10점

# 제16회 실전모의고사
[DIAT; Digital Information Ability Test]

- 시험과목 : 인터넷정보검색
- 시험일자 : 20XX. XX. XX(X)
- 수검자 기재사항 및 감독자 확인

수 검 번 호	DII - XXXX -	감독관 확인
성 명		

수검자 유의사항

1. 수검자는 신분증을 지참하여야 시험에 응시할 수 있으며, 미지참 시 퇴실 조치합니다.

2. 시스템(PC작동여부, 네트워크 상태 등)의 이상여부를 반드시 확인하여야 하며, 시스템 이상이 있을시 감독관에게 조치를 받으셔야 합니다.

3. 시험 중 시스템 오류 또는 시스템 다운 증상에 대해서는 수험자 본인에게 책임이 있습니다.

4. 시험 중 부주의 또는 고의로 시스템을 파손한 경우는 수검자 부담으로 합니다.

5. 답안 전송 프로그램을 통하여 자동으로 다운로드 받은 파일을 이용하여 답안파일을 작성하시기 바랍니다.

6. 작성한 답안 파일은 답안 전송 프로그램을 통하여 자동으로 전송됩니다. 감독위원의 지시에 따라 주시기 바랍니다.

7. 다음사항의 경우 실격(0점) 혹은 부정행위 처리됩니다.

    1) 답안을 저장하지 않았거나, 저장한 파일이 손상되었을 경우
    2) 답안파일을 다른 보조 기억장치(디스켓, USB) 혹은 네트워크(메신저, 게시판 등)로 전송할 경우
    3) 휴대용 전화기 등 통신장비를 사용할 경우

8. 시험의 완료는 작성이 완료된 답안을 저장하고, 답안 전송이 완료된 상태를 확인한 것으로 합니다. 답안 전송 확인 후 문제지는 감독위원에게 제출한 후 퇴실하여야 합니다.

9. 답안전송이 완료된 경우에는 수정 또는 정정이 불가능합니다.

10. 시험시행 후 문제 공개 및 합격자 발표는 홈페이지(www.diat.or.kr)에서 확인하시기 바랍니다.

    1) 문제 및 정답 공개 : 20XX. XX. XX(X)
    2) 합격자 발표 : 20XX. XX. XX(X)

디지털정보활용능력   인터넷정보검색 [시험시간 : 40분]

유의사항

- 답안지 파일에 수검번호, 성명을 정확히 기재하여 주십시오.
- 답안지의 URL란에는 반드시 정답의 내용이 나타나는 웹 페이지의 절대경로를 기재하고, 한 개의 URL만 기재하십시오.
  (만일 프레임구조의 웹 페이지에서 주소 표시줄에 나타나는 URL만으로는 정답이 위치한 하부의 페이지를 찾을 수 없을 경우 정답으로 인정하지 않음)
  ※ 절대경로란? : 해당 웹 페이지에서 마우스 오른쪽 버튼을 클릭한 후 [등록 정보] 또는 [속성] 항목을 선택한 화면에 나타나는 주소(URL)
- 검색엔진의 '웹페이지' 검색에서 [미리보기]에 해당하는 URL을 기재한 경우 오답 처리됩니다.
- 회원가입 및 등업 후 내용 확인이 가능한 포털의 카페, 블로그, 지식검색, 댓글, 소셜 네트워크 등의 URL은 정답으로 인정되지 않습니다.
- 첨부파일에서 답안을 찾은 경우 첨부파일까지의 URL을 정확히 기재하지 않은 경우 오답 처리됩니다.
  (예 : http://www.diat.or.kr/aa.hwp – 정답)

문제1

(①)은/는 동전, 전선, 수도관, 난방용 배관, 조리 기구 등 현대 사회에서도 많이 사용되는 금속 중 하나로, 인체에 독성은 거의 없으며 탈취 작용으로 발 냄새 제거에 효과가 있다. 순수한 (①)은/는 쉽게 휘어지는 단점이 있으나 다른 금속과 섞이면 단단해지는 성질을 가지고 있어, 인류는 기원전 3,000년경에 (①)와/과 (②)을/를 섞어 새로운 금속 물질을 만드는 방법을 터득함으로써 석기 시대를 뛰어넘는 새로운 청동기 시대를 개척하기도 하였다.

배점 : ① 10점   ② 10점

문제2

법원이 하는 가장 중요한 일은 재판으로, 사람들이 법원에서 해결해 달라고 요청한 사건에 대해 서로 주장이 다른 양쪽의 의견을 듣고 그에 대한 법적인 판단을 내리는 업무를 담당하고 있다. 법원에도 높고 낮음이 있으며, 우리나라에서 제일 높은 법원은 대법원이고 그 아래에 고등 법원과 지방 법원을 두고 있다. 우리나라는 지방 법원에서 판결 받은 것이 불공정하다고 생각되면 항소하여 절차에 따라 고등 법원, 대법원에서 다시 재판을 받을 수 있다. 이 제도의 이름은?

배점 : 10점

디지털정보활용능력 인터넷정보검색 [시험시간 : 40분]

문제3

이것은 쓰레기 소각장, 마약 퇴치 센터, 방사능 오염 쓰레기 처리장, 치매 노인 또는 장애인 시설 등 공공의 이익에는 부합하지만 불쾌하고 혐오적이라는 이유로 지역주민 또는 지방자치단체가 자신들이 속한 지역에 들어서는 것을 반대하는 현상을 말한다. 집단 이기주의적인 의미를 담고 있으며, 필요성을 인정하면서도 이러한 시설들이 자신의 주거지역에 들어서는 것에는 무조건 반대하는 현대인들의 자기중심적, 공공성 결핍증상을 일컫는 이 용어는?

배점 : 10점

문제4

이것은 거래 기업의 부도 등으로 회수할 수 없는 부실채권이 많아져 은행이 부실해질 경우 정부가 은행으로부터 부실채권을 싼 값에 사들이거나 은행에 자금을 지원하여 자본금을 늘려줌으로써 은행의 정상화를 도와주기 위한 자금을 말한다. 예금보험공사, 자산관리공사 등이 발행한 채권으로 조성되고, 정부가 국회의 승인을 얻은 후 금융 및 기업 구조 조정에 한하여 지원하고 있는 이것은?

배점 : 10점

문제5

한국교육개발원의 조사에 따르면 이것은 우리나라 초중고생의 50% 이상이 학원 및 과외교육 등의 사교육에 지나치게 의존하여 혼자서는 공부를 할 수 없는 학생을 말하는 신조어이다. 이러한 의존형 학생은 학습 참여도가 매우 낮으며, 당면 문제를 스스로 해결하기보다는 남에게 의존하려는 경향과 외부적 도움 없이는 학업을 제대로 수행하지 못하는 경향을 나타낸다. 이것이 되지 않으려면 초등학교 때부터 자기 주도적 학습 습관을 몸에 익히는 것이 매우 중요한데 이것의 용어는?

배점 : 10점

디지털정보활용능력 인터넷정보검색 [시험시간 : 40분]

문제6

이곳은 한국의 대표적인 동성마을로, 낙동강 물이 마을을 감싸 안고 'S'자로 흐르는 데서 마을 이름이 유래되었다고 전해지고 있으며, 조선시대 유학자인 류운룡과 류성룡 형제가 태어난 곳으로도 유명한 곳이다. 풍수지리적으로 사람이 살기에 가장 좋은 곳으로, 현재까지도 선비들이 즐겼던 '선유줄불놀이'와 일반 서민들이 즐겼던 '하회별신굿탈놀이'가 전승되고 있으며, 전통문화와 건축양식을 잘 보여주는 문화유산들이 잘 보존되어 있다. 이곳의 이름은?

배점 : 10점

문제7

(①)은/는 '나쁜 공기'라는 뜻을 지닌 제2종법정전염병 중 하나이다. 성인보다는 소아에 많이 발생하며, 중남미·아프리카·동남아시아 등지의 열대지방에서 많이 발생하지만 25℃ 이상의 기온이 3개월간 계속되는 지방이라면 어디든지 발생할 수 있다. 우리나라에서도 (①)은/는 매우 오래 전부터 존재하였던 전염병 중 하나로 (②)라는/이라는 이름으로 불렸는데, 이는 (①)와/과 비슷한 다른 병까지를 포함하고 있다. (②)은/는 사람이 견디지 못할 정도로 포악스러운 질병이라는 뜻에서 붙여진 이름이다.

배점 : ① 10점   ② 10점

문제8

이것은 조상들의 삶과 지혜가 담겨 있는 옹기의 뿌리를 되찾기 위해 설립되었으며, 2500여 점의 유물을 소장하여 옹기의 가치를 널리 알리고 있다. 또한 옹기를 관람하는 것에 그치지 않고 많은 사람들에게 옹기 문화를 체험할 수 있는 자리도 제공하고 있다. 현대문명 속에서 잊혀가는 옹기문화를 재조명하고 우리 고유만이 가지고 있는 민속의 맥을 깊이 있게 연구하고 있으며, 해마다 일반인을 위한 민화교실, 도예교실, 다도교실 등의 특별행사도 진행하고 있고 있는 박물관의 이름은?

배점 : 10점

실전모의고사

[DIAT; Digital Information Ability Test]

- 시험과목 : 인터넷정보검색
- 시험일자 : 20XX. XX. XX(X)
- 수검자 기재사항 및 감독자 확인

수 검 번 호	DII - XXXX -	감독관 확인
성 명		

수검자 유의사항

1. 수검자는 신분증을 지참하여야 시험에 응시할 수 있으며, 미지참 시 퇴실 조치합니다.

2. 시스템(PC작동여부, 네트워크 상태 등)의 이상여부를 반드시 확인하여야 하며, 시스템 이상이 있을시 감독관에게 조치를 받으셔야 합니다.

3. 시험 중 시스템 오류 또는 시스템 다운 증상에 대해서는 수험자 본인에게 책임이 있습니다.

4. 시험 중 부주의 또는 고의로 시스템을 파손한 경우는 수검자 부담으로 합니다.

5. 답안 전송 프로그램을 통하여 자동으로 다운로드 받은 파일을 이용하여 답안파일을 작성하시기 바랍니다.

6. 작성한 답안 파일은 답안 전송 프로그램을 통하여 자동으로 전송됩니다. 감독위원의 지시에 따라 주시기 바랍니다.

7. 다음사항의 경우 실격(0점) 혹은 부정행위 처리됩니다.
   1) 답안을 저장하지 않았거나, 저장한 파일이 손상되었을 경우
   2) 답안파일을 다른 보조 기억장치(디스켓, USB) 혹은 네트워크(메신저, 게시판 등)로 전송할 경우
   3) 휴대용 전화기 등 통신장비를 사용할 경우

8. 시험의 완료는 작성이 완료된 답안을 저장하고, 답안 전송이 완료된 상태를 확인한 것으로 합니다. 답안 전송 확인 후 문제지는 감독위원에게 제출한 후 퇴실하여야 합니다.

9. 답안전송이 완료된 경우에는 수정 또는 정정이 불가능합니다.

10. 시험시행 후 문제 공개 및 합격자 발표는 홈페이지(www.diat.or.kr)에서 확인하시기 바랍니다.
    1) 문제 및 정답 공개 : 20XX. XX. XX(X)
    2) 합격자 발표 : 20XX. XX. XX(X)

디지털정보활용능력   인터넷정보검색 [시험시간 : 40분]

유의사항

- 답안지 파일에 수검번호, 성명을 정확히 기재하여 주십시오.
- 답안지의 URL란에는 반드시 정답의 내용이 나타나는 웹 페이지의 절대경로를 기재하고, 한 개의 URL만 기재하십시오.
  (만일 프레임구조의 웹 페이지에서 주소 표시줄에 나타나는 URL만으로는 정답이 위치한 하부의 페이지를 찾을 수 없을 경우 정답으로 인정하지 않음)
  ※ 절대경로란? : 해당 웹 페이지에서 마우스 오른쪽 버튼을 클릭한 후 [등록 정보] 또는 [속성] 항목을 선택한 화면에 나타나는 주소(URL)
- 검색엔진의 '웹페이지' 검색에서 [미리보기]에 해당하는 URL을 기재한 경우 오답 처리됩니다.
- 회원가입 및 등업 후 내용 확인이 가능한 포털의 카페, 블로그, 지식검색, 댓글, 소셜 네트워크 등의 URL은 정답으로 인정되지 않습니다.
- 첨부파일에서 답안을 찾은 경우 첨부파일까지의 URL을 정확히 기재하지 않은 경우 오답 처리됩니다.
  (예 : http://www.diat.or.kr/aa.hwp - 정답)

문제1

(①)은/는 서로를 찌르거나 베기 등의 동작으로 득점하여 승부를 겨루는 경기로, 우리나라는 광복 후 김창환 등에 의해 기술과 경기 방식이 전파되었다. (①)은/는 개인전과 단체전으로 나뉘며, 사용하는 검에 따라 각각 다른 규칙에 의해 시합이 진행된다. 그 중 (②)은/는 베는 것을 주로 하되 찌르기를 함께 사용하는 것이 특징이며, 공격의 유효 범위는 양팔을 포함하여 머리와 상체이다. (②)은/는 너무 과격하여 다른 종목과는 달리 남자 경기만 진행되다가 여자부 개인전이 2004년부터 올림픽 정식종목으로 채택되었다.

배점 : ① 10점   ② 10점

문제2

이것은 해커를 유인하기 위해 일부러 보안을 취약하게 만들어 놓은 가짜 사이트로, 해커들의 공격에 미리 대응함으로써 사이버 테러 등을 방지하기 위한 신기술이다. 보안이 취약한 이것을 해커가 공략하게 되면 위장 서버와 추적 장치를 통해 해커들의 해킹 수법, 위치, 경로 등을 찾아내어 잡아내는 것으로, 최근 지능형 사이버공격에 대한 위험이 높아지면서 국내 기관 또는 기업에서 능동적인 방어 대책의 수단으로 주목받고 있다. 해외에서도 적극 활용되고 있는 이 솔루션의 명칭은?

배점 : 10점

디지털정보활용능력 — 인터넷정보검색 [시험시간 : 40분]

문제3

유네스코에서 지정한 세계문화유산이자 유럽공동체(EU)에서 지정한 유럽문화도시 중 하나인 이것은 지정학적 위치로 인하여 예로부터 외세의 침입이 많아 도시 전체가 요새화된 거대한 유적지로, 320여 개의 기념물이 남아있다. 고대의 특징이 잘 보존되어 있으며 현재에도 사람들이 살고 있는 도시 유적지로, 도시 전체가 성벽과 보루로 둘러싸여 있다. 그랜드 하버와 마르삼세트 하버로 나누어져 있으며, 16세기~18세기에 지어진 건물들이 잘 정비되어 있는 이곳은?

배점 : 10점

문제4

이것은 정사각형의 나무판을 크고 작은 직각삼각형 5개와 정사각형, 평행사변형 각각 1개가 되도록 잘라낸 후 이들 조각들을 이리저리 움직여 여러 가지 모양을 만드는 놀이이다. 때와 장소에 구애 받지 않고 남녀노소 누구나 즐길 수 있는 놀이로 인물, 동물, 식물 등 다양한 모형을 100여개 만들 수 있으며, 창의력과 사고력, 협동정신을 기르는 데도 효과가 있다. 예전에는 손님이 집에 찾아왔을 때 사람을 기다리는 동안에 지루하지 않도록 다과와 함께 내놓았던 이 놀이의 이름은?

배점 : 10점

문제5

이것은 전력 공급자와 사용자가 양방향으로 정보를 교환하여 상황에 따라 전력을 공급함으로써 에너지 이용효율을 극대화할 수 있는 차세대 시스템이다. 기존 전력망을 디지털화하여 다양한 정보를 주고받음으로써 전력 사용 현황 등을 실시간으로 파악하고 탄력적으로 운영할 수 있도록 도와준다. 가장 큰 목적은 전기의 공급과 수요의 균형을 맞추는 것으로, 이를 통해 에너지의 낭비와 화석연료의 사용을 줄임으로써 환경문제 등을 해소하기 위함이다. 이 시스템의 이름은?

배점 : 10점

디지털정보활용능력 인터넷정보검색 [시험시간 : 40분]

문제6

1983년 4월에 설립된 이것은 여성문제에 대한 조사 및 연구, 여성의 능력개발을 위한 교육, 여성의 사회참여를 통한 국가발전에 이바지함을 목적으로 하고 있으며, 여성에게 적합한 직종 개발 및 여성단체들의 활동을 지원하는 업무도 담당하고 있다. 이것의 심볼마크는 여성과 세계를 형상화한 것으로 성평등 사회를 실현해 나아가는 이것을 상징한다. 심볼의 왼쪽과 오른쪽 날개는 각각 진취적인 여성과 협력하는 남성을 뜻하며, 중심에 위치한 타원은 성평등한 조화로운 사회를 의미한다. 이 기관의 이름은?

배점 : 10점

문제7

(①)은/는 경쟁자가 없으며 잠재력을 가지고 있는 새로운 시장을 비유하는 것으로, 현재 존재하지 않는 모든 산업을 의미한다. 또한 (①)이/가 경쟁보다는 창조로 얻어지며, 고성장과 고수익을 가능하게 하는 미개척시장이라면 (②)은/는 경쟁자들로부터 시장을 빼앗기 위하여 치열한 경쟁을 하는 기존의 시장과 (①)의 장점만을 채용하여 자신만의 새로운 가치의 시장을 만드는 것을 일컫는다. (②)은/는 비용을 최소화하면서 새로운 변화를 꾀하는 기업의 전략이다.

배점 : ① 10점   ② 10점

문제8

인체는 망막을 통해 전달되는 햇빛으로 낮인지 밤인지를 판단하며, 밤에 잠이 들 시간이 되면 이것을 분비하여 우리 몸을 잠들게 해 준다. 이것은 빛이 줄어들면 분비가 증가하는 특징을 가지고 있어, 여름에는 일조량의 증가로 분비량이 감소하여 불면증을 유발하기도 하며, 가을에는 일조량의 감소로 분비량이 증가하여 우울함을 유발하기도 한다. 친환경적으로 재배되는 가평포도는 이 물질이 다량 함유되어 있어 안정적인 수면 유도와 항암효과에도 도움을 준다고 알려져 있는 이 물질의 명칭은?

배점 : 10점

제18회 실전모의고사
[DIAT; Digital Information Ability Test]

- 시험과목 : 인터넷정보검색
- 시험일자 : 20XX. XX. XX(X)
- 수검자 기재사항 및 감독자 확인

수 검 번 호	DII - XXXX -	감독관 확인
성 명		

수검자 유의사항

1. 수검자는 신분증을 지참하여야 시험에 응시할 수 있으며, 미지참 시 퇴실 조치합니다.
2. 시스템(PC작동여부, 네트워크 상태 등)의 이상여부를 반드시 확인하여야 하며, 시스템 이상이 있을시 감독관에게 조치를 받으셔야 합니다.
3. 시험 중 시스템 오류 또는 시스템 다운 증상에 대해서는 수험자 본인에게 책임이 있습니다.
4. 시험 중 부주의 또는 고의로 시스템을 파손한 경우는 수검자 부담으로 합니다.
5. 답안 전송 프로그램을 통하여 자동으로 다운로드 받은 파일을 이용하여 답안파일을 작성하시기 바랍니다.
6. 작성한 답안 파일은 답안 전송 프로그램을 통하여 자동으로 전송됩니다. 감독위원의 지시에 따라 주시기 바랍니다.
7. 다음사항의 경우 실격(0점) 혹은 부정행위 처리됩니다.
    1) 답안을 저장하지 않았거나, 저장한 파일이 손상되었을 경우
    2) 답안파일을 다른 보조 기억장치(디스켓, USB) 혹은 네트워크(메신저, 게시판 등)로 전송할 경우
    3) 휴대용 전화기 등 통신장비를 사용할 경우
8. 시험의 완료는 작성이 완료된 답안을 저장하고, 답안 전송이 완료된 상태를 확인한 것으로 합니다. 답안 전송 확인 후 문제지는 감독위원에게 제출한 후 퇴실하여야 합니다.
9. 답안전송이 완료된 경우에는 수정 또는 정정이 불가능합니다.
10. 시험시행 후 문제 공개 및 합격자 발표는 홈페이지(www.diat.or.kr)에서 확인하시기 바랍니다.
    1) 문제 및 정답 공개 : 20XX. XX. XX(X)
    2) 합격자 발표 : 20XX. XX. XX(X)

한국정보통신진흥협회 KAIT

디지털정보활용능력 인터넷정보검색 [시험시간 : 40분]

유의사항

- 답안지 파일에 수검번호, 성명을 정확히 기재하여 주십시오.
- 답안지의 URL란에는 반드시 정답의 내용이 나타나는 웹 페이지의 절대경로를 기재하고, 한 개의 URL만 기재하십시오.
  (만일 프레임구조의 웹 페이지에서 주소 표시줄에 나타나는 URL만으로는 정답이 위치한 하부의 페이지를 찾을 수 없을 경우 정답으로 인정하지 않음)
  ※ 절대경로란? : 해당 웹 페이지에서 마우스 오른쪽 버튼을 클릭한 후 [등록 정보] 또는 [속성] 항목을 선택한 화면에 나타나는 주소(URL)
- 검색엔진의 '웹페이지' 검색에서 [미리보기]에 해당하는 URL을 기재한 경우 오답 처리됩니다.
- 회원가입 및 등업 후 내용 확인이 가능한 포털의 카페, 블로그, 지식검색, 댓글, 소셜 네트워크 등의 URL은 정답으로 인정되지 않습니다.
- 첨부파일에서 답안을 찾은 경우 첨부파일까지의 URL을 정확히 기재하지 않은 경우 오답 처리됩니다.
  (예 : http://www.diat.or.kr/aa.hwp - 정답)

문제1

(①)은/는 변화와 움직임을 뜻하는 말로, 1960년대부터 1970년대에 걸쳐 '삶과 예술의 조화'라는 슬로건을 내걸고 활동한 전위예술운동이다. (①)은/는 처음에는 미술에서 시작하였지만, 곧 어느 한 분야에만 국한하지 않고 출판물, 콘서트 등에도 사용하는 예술운동으로 발전하여 시각예술과 음악, 무대예술과 시 등 다양한 예술형식을 조합한 통합예술개념을 탄생시켰다. 이 운동의 대표적인 예술가인 (②)은/는 비디오아티스트의 선구자로, 음악, 퍼포먼스, 비디오를 결합한 작품들을 선보이며 센세이션을 일으킨 한국인이다.

배점 : ① 10점   ② 10점

문제2

우리나라 고유의 민속놀이인 씨름은 한자로는 각저, 각력, 각희, 상박 등으로 불린다. 농경사회였던 우리나라에서는 농한기인 음력 5월 단오절에 대표적으로 행해졌으며 지금까지도 전국 각지에서 씨름대회가 열리고 있다. 씨름에 관한 가장 오래된 사료로서는 옛 고구려 시대의 무덤인 이것으로 5세기 전반에 축조되었으며 특히 한국의 씨름꾼 모습을 사실적으로 그린 것이어서 북한에서는 이 무덤을 씨름무덤이라고 부르기도 한다. 집안에 위치한 고구려의 고분인 이 무덤의 이름은?

배점 : 10점

디지털정보활용능력 — 인터넷정보검색 [시험시간 : 40분]

문제3

이것은 고대 바빌로니아의 왕이 메소포타미아 전역을 통일하고 제정한 법전이다. 세계에서 가장 오래된 법전 중 하나로 알려져 있으며 여러 분야의 법을 포함하고 있는데다가 범죄에 대한 처벌이 상당히 엄격하고 위법 행위에 해당하는 상세한 형벌을 규정하고 있다. 이 법전은 이보다 약 300여 년 앞서 있던 수메르 우르남무 법전과 기타 메소포타미아 고대법과 유사해 이에 영향을 받은 것으로 보인다. 특히 "눈에는 눈, 이에는 이"라는 대표적인 조항이 유명한 이 법전의 이름은?

배점 : 10점

문제4

이것은 하는 일마다 잘 풀리지 않고 계속 꼬이기만 하는 경우를 일컫는 '머피의 법칙'과 반대되는 경우에 사용하는 말이다. 즉 일마다 자신에게 유리하게 되면서 일이 잘 풀리는 경우에 사용한다. 1989년 제작된 미국 영화 〈해리가 샐리를 만났을 때〉의 여주인공이 계속 안 좋은 일만 생기다가 마지막에 원하는 대로 이루어져 해피엔드로 끝나는 데서 빌려온 말이다. 예를 들어, 날씨가 화창한 날 우연히 우산을 들고 나왔는데, 갑자기 비가 쏟아지는 경우에 사용할 수 있다. 이것이 나타내는 용어는?

배점 : 10점

문제5

이것은 우리 눈에 보이지 않는 전자, 원자, 중성자 등과 같은 미시세계의 운동법칙을 설명하고 이해하려는 학문이다. 거시적 현상에 보편적으로 적용되는 고전역학으로는 미시세계의 실험결과가 설명되지 않아 1920년대에 플랑크, 보어, 아인슈타인, 하이젠베르크, 슈뢰딩거 등의 많은 물리학자들이 그 대안으로 이것의 새로운 체계를 제시하였으며 현재에는 명실공히 물리학의 가장 중요한 기둥이 되어 있다. 특히 21세기의 첨단기술로 불리는 나노기술에도 중요시되고 있는 이것이 나타내는 용어는?

배점 : 10점

디지털정보활용능력 — 인터넷정보검색 [시험시간 : 40분]

문제6

세계 7대 자연경관에 선정된 곳으로, 남아프리카공화국에 위치하고 있는 산이다. 오랜 풍화작용으로 거의 수평에 가까운 사암층이 드러나 있어 꼭대기가 평평하고 책상 모양을 하고 있어 이런 이름이 붙여졌다. 최고봉은 해발 1,086미터로, 높고 바위가 많은 케이프반도 북단, 케이프타운 뒤에 있다. 케이프타운의 유명한 관광 명소인 이곳은 정상까지는 1929년 개설된 케이블카를 타고 이동할 수 있으며, 또한 500여 가지가 넘는 다양한 길을 이용할 수도 있다. 이 산의 이름은?

배점 : 10점

문제7

(①)은/는 당시 의사였던 기요탱이 (②)로/으로 인해 많은 사람들이 고통스럽게 죽음을 당하는 것을 보고, 그 고통을 줄여 편안하게 죽음을 맞이할 수 있게 하고자 만든 사형기구를 말한다. (①)에 의해 당시 프랑스 왕이었던 루이 16세와 왕비 마리 앙투아네트도 죽음을 당했다. 1789년부터 1794년에 걸쳐 일어난 (②)은/는 국가와 국민 위에 군림하던 왕정을 무너뜨리고 국민의 자유와 평등을 내세운 시민혁명을 말한다.

배점 : 10점　　② 10점

문제8

이것은 1962년 영국의 리버풀에서 결성된 4인조 록그룹으로, 강렬한 록비트는 물론 머슈룸 헤어, 가느다란 깃의 신사복 등의 독특한 패션스타일로 전 세계 젊은이들의 사랑을 받았다. 존 레논(기타), 폴 매카트니(베이스), 조지 해리슨(기타), 링고 스타(드럼)로 구성된 이것은 다양한 음악 장르를 흡수하고 기존 음악에는 없는 독자적인 사운드를 완성하여 전 세계적인 열풍이 불었다. 그러다가 1970년에 해산되었으나, 그들이 당시 젊은이들에게 준 음악, 패션, 문화적인 영향은 현재까지도 이어진다. 이 그룹의 이름은?

배점 : 10점

실전모의고사

[DIAT; Digital Information Ability Test]

- 시험과목 : 인터넷정보검색
- 시험일자 : 20XX. XX. XX(X)
- 수검자 기재사항 및 감독자 확인

수 검 번 호	DII - XXXX -	감독관 확인
성 명		

수검자 유의사항

1. 수검자는 신분증을 지참하여야 시험에 응시할 수 있으며, 미지참 시 퇴실 조치합니다.
2. 시스템(PC작동여부, 네트워크 상태 등)의 이상여부를 반드시 확인하여야 하며, 시스템 이상이 있을시 감독관에게 조치를 받으셔야 합니다.
3. 시험 중 시스템 오류 또는 시스템 다운 증상에 대해서는 수험자 본인에게 책임이 있습니다.
4. 시험 중 부주의 또는 고의로 시스템을 파손한 경우는 수검자 부담으로 합니다.
5. 답안 전송 프로그램을 통하여 자동으로 다운로드 받은 파일을 이용하여 답안파일을 작성하시기 바랍니다.
6. 작성한 답안 파일은 답안 전송 프로그램을 통하여 자동으로 전송됩니다. 감독위원의 지시에 따라 주시기 바랍니다.
7. 다음사항의 경우 실격(0점) 혹은 부정행위 처리됩니다.
   1) 답안을 저장하지 않았거나, 저장한 파일이 손상되었을 경우
   2) 답안파일을 다른 보조 기억장치(디스켓, USB) 혹은 네트워크(메신저, 게시판 등)로 전송할 경우
   3) 휴대용 전화기 등 통신장비를 사용할 경우
8. 시험의 완료는 작성이 완료된 답안을 저장하고, 답안 전송이 완료된 상태를 확인한 것으로 합니다. 답안 전송 확인 후 문제지는 감독위원에게 제출한 후 퇴실하여야 합니다.
9. 답안전송이 완료된 경우에는 수정 또는 정정이 불가능합니다.
10. 시험시행 후 문제 공개 및 합격자 발표는 홈페이지(www.diat.or.kr)에서 확인하시기 바랍니다.
    1) 문제 및 정답 공개 : 20XX. XX. XX(X)
    2) 합격자 발표 : 20XX. XX. XX(X)

한국정보통신진흥협회 KAIT

디지털정보활용능력 인터넷정보검색 [시험시간 : 40분]

유의사항

- 답안지 파일에 수검번호, 성명을 정확히 기재하여 주십시오.
- 답안지의 URL란에는 반드시 정답의 내용이 나타나는 웹 페이지의 절대경로를 기재하고, 한 개의 URL만 기재하십시오.
  (만일 프레임구조의 웹 페이지에서 주소 표시줄에 나타나는 URL만으로는 정답이 위치한 하부의 페이지를 찾을 수 없을 경우 정답으로 인정하지 않음)
  ※ 절대경로란? : 해당 웹 페이지에서 마우스 오른쪽 버튼을 클릭한 후 [등록 정보] 또는 [속성] 항목을 선택한 화면에 나타나는 주소(URL)
- 검색엔진의 '웹페이지' 검색에서 [미리보기]에 해당하는 URL을 기재한 경우 오답 처리됩니다.
- 회원가입 및 등업 후 내용 확인이 가능한 포털의 카페, 블로그, 지식검색, 댓글, 소셜 네트워크 등의 URL은 정답으로 인정되지 않습니다.
- 첨부파일에서 답안을 찾은 경우 첨부파일까지의 URL을 정확히 기재하지 않은 경우 오답 처리됩니다.
  (예 : http://www.diat.or.kr/aa.hwp - 정답)

문제1

기업별로 (①) 배출 목표량을 할당받은 후 그 목표가 미달하거나 초과하는 양 만큼 기업들끼리 권리를 사고 팔 수 있는 제도를 (②)라고/이라고 한다. 1990년대에 처음 도입했던 시스템으로, 교토의정서에서 (①) 배출을 줄이는 수단으로 제시되었다. 현재 유럽 31개국과 뉴질랜드, 호주에서 (②)을/를 운영 중에 있으며 미국과 캐나다, 일본은 지역 단위로 (②)을/를 시행하고 있다. 우리나라는 2012년 5월 2일 국회를 통과함에 따라 2015년부터 시행 및 운영하게 된다.

배점 : ① 10점　　　　　　　　　　② 10점

문제2

이것은 2013년부터 도입되는 프로축구 K리그의 승강제를 대비하기 위해 2012년 한시적으로 도입되었다. 그 동안 프로축구 K리그는 정규리그와 플레이오프 제도로 시즌을 진행하였으나 4~6개 팀이 진출하는 플레이오프를 위한 경쟁은 치열해지는 반면, 순위 싸움에서 밀린 팀들은 시즌을 포기하는 경우가 많았고 플레이오프에 올라가면 정규리그 성적에 관계없이 단판 승부로 최종 성적이 가려진다는 단점이 있었다. 30경기를 통한 순위로 상·하위 각각 8개 팀을 나눈 후 별도로 2라운드를 더 하는 방식인 이 시스템의 명칭은?

배점 : 10점

디지털정보활용능력 인터넷정보검색 [시험시간 : 40분]

문제3

이것의 서비스를 운영하는 콘텐츠연합플랫폼은 2011년 7월 서비스를 개시한 후 무료 체험 이벤트 등이 긍정적으로 작용해 가입자가 늘고 있다는 자체 분석으로 내 놓았다. 정보통신의 발달로 스마트폰·PC·태블릿PC 등 다양한 디지털기기들이 나오고 있는데 이것은 콘텐츠를 여러 개의 디지털 기기들을 이용해 시간, 장소에 구애받지 않고 이용할 수 있는 기술이다. 하나의 콘텐츠를 이용할 수 있는 숫자를 한정 짓지 않는다는 의미에서 나온 이것은?

배점 : 10점

문제4

이것은 일반적으로 정당이 대통령 선거나 국회의원 선거에 출마할 후보자를 추천하는 것을 말한다. 정당으로부터 이것을 받아 선거 지원을 받을 경우, 당선확률이 높아지므로 이것을 받기 위한 후보자들의 경쟁이 더욱 치열해지고 있으며, 정당 지도부의 뜻이 반영되는 경우에는 관련 헌금을 내는 등의 부작용도 발생하고 있어, 이를 방지하기 위해 국민 경선과 같은 제도를 도입하지는 목소리도 높아지고 있다. 이것이 가리키는 용어는?

배점 : 10점

문제5

교육과학기술부는 학생 폭력의 가해 기간을 '고교의 경우 학생부 기재 기간을 10년에서 5년으로 단축하였고 가해 학생의 긍정적 변화 모습도 함께 적도록 하여 이것을 방지하고, 상급학교 진학 등에 불이익을 받지 않도록 하는 인권침해 요소를 해소 했다.'고 밝혔다. 이것은 '특정인물의 행동이 사회의 제도나 관습에서 벗어난 경우 그를 일탈자로 인식하기 시작하면 그 사람은 결국 범죄인이 되고 만다.'는 이론에서 유래하였다. 이것이 가리키는 용어는?

배점 : 10점

디지털정보활용능력 인터넷정보검색 [시험시간 : 40분]

문제6

이것은 공중에 떠다니면서 온도와 빛의 상태, 진동, 주변 물질의 성분까지 원하는 것은 무엇이든 알아내고 구별할 수 있는 센서이다. 처음에는 군사용으로 개발되어, 적군이 쳐들어올 만한 곳에 뿌려서 적군의 생화학무기의 성분을 알아내거나 병사의 수가 얼마나 되는지 알아내는 역할을 하였다. 크기는 1밀리미터 정도인데, 지하철 등 사람이 오가는 곳에 뿌려 놓으면 오염 물질의 농도 등을 측정하여 자동으로 공기 정화 시스템에 알려 줄 수도 있고 일상생활의 생화학 공격을 막을 수 있게 된다. 이것이 가리키는 용어는?

배점 : 10점

문제7

(②)은/는 다섯 명의 손님들이 등장해 출세할수록 겸손하고 검약해야 한다는 것을 비유적으로 표현하였다. 첫 장에는 정조가 이 작품을 직접 봤다는 표지로 정조가 내린 평가인 '차상'이 기록되어 있다. (①) 시문집에 수록되어 있는 (②)와/과 비교하여 왕명에 의해 지어진 또 하나의 작품인 '기미어명주시사진첩'도 주목을 받는다. 최근 (②)라는/이라는 작품이 최초로 일반에 공개되었고, 이를 계기로 (①)의 삶과 사상을 연구하고 이해하는 폭넓은 기회가 마련되었다.

배점 : ① 10점   ② 10점

문제8

이것은 8월 30일 1232만을 넘기며 역대 한국영화 흥행작 2위에 올라, 〈괴물〉에 이어 두 번째 빠른 속도로 1000만 관객을 돌파하는 쾌거를 이루었다. 개봉 첫 날 한국 영화 사상 최고의 오프닝 스코어 신기록을 시작으로 19일 만에 900만 관객을 돌파하며 각종 흥행 기록을 수립해 왔다. 또한 한국영화로는 여섯 번째, 외국영화를 포함해 일곱 번째 1000만 클럽에 가입하기도한 이 영화의 제목은?

배점 : 10점

실전모의고사
제20회
[DIAT; Digital Information Ability Test]

- 시험과목 : 인터넷정보검색
- 시험일자 : 20XX. XX. XX(X)
- 수검자 기재사항 및 감독자 확인

수 검 번 호	DII - XXXX -	감독관 확인
성 명		

수검자 유의사항

1. 수검자는 신분증을 지참하여야 시험에 응시할 수 있으며, 미지참 시 퇴실 조치합니다.
2. 시스템(PC작동여부, 네트워크 상태 등)의 이상여부를 반드시 확인하여야 하며, 시스템 이상이 있을시 감독관에게 조치를 받으셔야 합니다.
3. 시험 중 시스템 오류 또는 시스템 다운 증상에 대해서는 수험자 본인에게 책임이 있습니다.
4. 시험 중 부주의 또는 고의로 시스템을 파손한 경우는 수검자 부담으로 합니다.
5. 답안 전송 프로그램을 통하여 자동으로 다운로드 받은 파일을 이용하여 답안파일을 작성하시기 바랍니다.
6. 작성한 답안 파일은 답안 전송 프로그램을 통하여 자동으로 전송됩니다. 감독위원의 지시에 따라 주시기 바랍니다.
7. 다음사항의 경우 실격(0점) 혹은 부정행위 처리됩니다.
   1) 답안을 저장하지 않았거나, 저장한 파일이 손상되었을 경우
   2) 답안파일을 다른 보조 기억장치(디스켓, USB) 혹은 네트워크(메신저, 게시판 등)로 전송할 경우
   3) 휴대용 전화기 등 통신장비를 사용할 경우
8. 시험의 완료는 작성이 완료된 답안을 저장하고, 답안 전송이 완료된 상태를 확인한 것으로 합니다. 답안 전송 확인 후 문제지는 감독위원에게 제출한 후 퇴실하여야 합니다.
9. 답안전송이 완료된 경우에는 수정 또는 정정이 불가능합니다.
10. 시험시행 후 문제 공개 및 합격자 발표는 홈페이지(www.diat.or.kr)에서 확인하시기 바랍니다.
    1) 문제 및 정답 공개 : 20XX. XX. XX(X)
    2) 합격자 발표 : 20XX. XX. XX(X)

디지털정보활용능력 인터넷정보검색 [시험시간 : 40분]

유의사항

- 답안지 파일에 수검번호, 성명을 정확히 기재하여 주십시오.
- 답안지의 URL란에는 반드시 정답의 내용이 나타나는 웹 페이지의 절대경로를 기재하고, 한 개의 URL만 기재하십시오.
  (만일 프레임구조의 웹 페이지에서 주소 표시줄에 나타나는 URL만으로는 정답이 위치한 하부의 페이지를 찾을 수 없을 경우 정답으로 인정하지 않음)
  ※ 절대경로란? : 해당 웹 페이지에서 마우스 오른쪽 버튼을 클릭한 후 [등록 정보] 또는 [속성] 항목을 선택한 화면에 나타나는 주소(URL)
- 검색엔진의 '웹페이지' 검색에서 [미리보기]에 해당하는 URL을 기재한 경우 오답 처리됩니다.
- 회원가입 및 등업 후 내용 확인이 가능한 포털의 카페, 블로그, 지식검색, 댓글, 소셜 네트워크 등의 URL은 정답으로 인정되지 않습니다.
- 첨부파일에서 답안을 찾은 경우 첨부파일까지의 URL을 정확히 기재하지 않은 경우 오답 처리됩니다.
  (예) : http://www.diat.or.kr/aa.hwp - 정답)

문제1

이순신 장군은 임진왜란이 일어나자 옥포대첩, 당포해전, 한산도대첩, (①), (②), 노량해전 등에 참가하여 적군을 대파하는 큰 공을 세운 장군이다. 옥포대첩에서는 전선 30여 척을 격파하였고, 한산도대첩에서는 전선 70척을 대파하는 공을 세웠다. (①)에서는 부산 앞바다까지 진격하여 일본 수군의 전선 100여 척을 격파하였다. 특히 (②)에서는 거북선을 처음 실전에 투입하여 전선 13척을 격파하였다. (②)은/는 1592년 5월 29일부터 6월 1일까지 일어난 해전이다.

배점: ① 10점   ② 10점

문제2

이것은 1943년 첫 운항을 시작하였으며, 내부 공간은 360㎡이고 전화 87대와 침실 6개, 응급 수술대 등이 갖춰져 있는 항공기이다. 또한 수백 명의 식사를 저장할 수 있으며, 공중에서도 연료 보급을 할 수 있어 일주일 이상 하늘에 떠 있을 수 있다. 더욱이 이것은 핵무기 폭발에도 잘 견딜 수 있도록 설계되어 있으며, 공격해 오는 대상을 요격하는 첨단 미사일 시스템도 장착되어 있다. 기종과 관계없이 부여되는 항공 교통 관제 호출 부호이기도한 이것이 가리키는 용어는?

배점: 10점

| 디지털정보활용능력 | 인터넷정보검색 [시험시간 : 40분]

문제3

이것은 구토와 복통 등의 증상을 유발하는 바이러스로, 미국 오하이오주 휴런카운티에 있는 도시에서 집단 발병된 이후 이 도시의 이름을 따서 명명되었다. 현재 항바이러스제나 백신이 없기 때문에 대증요법으로 치료를 해야 하며, 면역력이 약한 사람의 경우에는 탈수증상을 보이기도 하지만 일반적으로 심각한 건강상 위해는 없으며, 1~2일 후에는 완전히 회복된다. 예방을 위해서는 겨울철에도 개인위생에 철저한 주의가 필요한 이 바이러스의 이름은?

배점 : 10점

문제4

이것은 그리스의 천문학자 히파르코스(Hipparchos)가 기원전 약 130년경에 하늘의 별자리를 나눈 것을 말한다. 황도를 따라 각 궁이 30도씩 떨어져 있으며, 각 궁은 동물명으로 표시되며, 백양궁(양자리), 금우궁(소자리), 쌍자궁(쌍둥이자리), 거해궁(게자리), 사자궁(사자자리), 처녀궁(처녀자리), 천칭궁(천칭자리), 천갈가궁(전갈자리) 등으로 이루어졌다. 그러나 지금은 지구가 팽이와 같이 기울기를 가지며 자전하는 세차운동으로 인해 이것의 별자리 위치가 옛날과는 많이 달라졌다. 이것이 가리키는 용어는?

배점 : 10점

문제5

이것은 표준모형을 바탕으로 정의된 가설 입자이다. 입자의 표준모형에 의하면 세상은 기본입자 12개와 힘을 전달하는 매개입자 4개, 그리고 이것으로 구성된 17개의 작은 입자로 이뤄져 있다. 그런데 지금껏 물리학자들은 물질을 구성하는 기본입자 중 16가지 입자는 찾아냈지만, 이것은 관측되지 않아 가상의 입자로 남겨 놓았다. 지난 2012년 7월 4일 이것으로 추정되는 입자를 발견하였지만, 아직 공식화하기는 이르다고 판단하고 충분한 실험과 검증을 하고 있다. 이것이 가리키는 용어는?

배점 : 10점

디지털정보활용능력 — 인터넷정보검색 [시험시간 : 40분]

문제6

이것은 독일의 통계학자가 근로자의 가계조사를 통해 발견한 법칙이다. 벨기에 근로자 153가구의 수입과 지출을 조사하던 중 소득이 적은 가정에서는 수입 중 식료품이 차지하는 비율이 높고, 소득이 높은 가정에서는 수입 중 식료품이 차지하는 비율이 낮은 대신 문화생활 등의 지출이 높다는 것을 발견하였다. 이런 점을 착안하여 생활수준의 정도를 나타내기 위한 지표로 이것이 개발되었고, 한 가구당 총지출에서 식료품비가 차지하는 비율을 나타내는 이것의 용어는?

배점 : 10점

문제7

(①)은/는 1774년 독일의 괴테가 발표한 소설로, 주인공은 한 여성을 사랑하지만 그녀에게 이미 약혼자가 있다는 사실을 알고 슬퍼하다 결국 권총으로 자살을 하는 내용을 담고 있다. 이 소설이 인기를 끌자, 독자들은 소설 속 주인공과 같은 방법으로 자살을 따라하였고, 그 수가 2,000여 명에 이르자 소설의 발간을 중지하였다. 이후 1974년 미국의 사회학자 필립스는 유명인의 자살이 알려진 뒤 자살률이 급격하게 늘어난다는 연구 결과를 발표하며, 이런 현상을 이 소설의 주인공 이름을 따서 (②)라고/이라고 불렀다.

배점 : ① 10점   ② 10점

문제8

제1차 세계 대전이 끝나고 많은 사람들은 정치적, 사회적으로 불안에 떨었다. 먹을 것도 부족하였고, 일자리도 없는 상황에서 누군가 나타나 나라를 이끌어 주기를 간절히 바랐다. 이때 이탈리아의 무솔리니가 나타나 이것을 주장하였다. 이것은 이탈리어의 단결을 뜻하는 파쇼(fascio)에서 나온 것으로, 국가가 가장 중요하고 국가의 이익을 위해서는 국민 개개인의 자유는 무시해도 된다는 사상이다. 이 사상을 내용으로 하여 독일의 히틀러도 나치스당을 만들어 세력을 키웠다. 이것이 가리키는 사상은?

배점 : 10점

MEMO

DIAT 인터넷 정보검색

Part 03
최신 기출문제

제01회 최신기출문제
제02회 최신기출문제
제03회 최신기출문제
제04회 최신기출문제
제05회 최신기출문제
제06회 최신기출문제
제07회 최신기출문제
제08회 최신기출문제
제09회 최신기출문제
제10회 최신기출문제

Digital Information Ability Test

제01회 최신기출문제
[DIAT; Digital Information Ability Test]

- 시험과목 : 인터넷정보검색
- 시험일자 : 20XX. XX. XX(X)
- 수검자 기재사항 및 감독자 확인

수 검 번 호	DII - XXXX -	감독관 확인
성 명		

수검자 유의사항

1. 수검자는 신분증을 지참하여야 시험에 응시할 수 있으며, 미지참 시 퇴실 조치합니다.

2. 시스템(PC작동여부, 네트워크 상태 등)의 이상여부를 반드시 확인하여야 하며, 시스템 이상이 있을시 감독관에게 조치를 받으셔야 합니다.

3. 시험 중 시스템 오류 또는 시스템 다운 증상에 대해서는 수험자 본인에게 책임이 있습니다.

4. 시험 중 부주의 또는 고의로 시스템을 파손한 경우는 수검자 부담으로 합니다.

5. 답안 전송 프로그램을 통하여 자동으로 다운로드 받은 파일을 이용하여 답안파일을 작성하시기 바랍니다.

6. 작성한 답안 파일은 답안 전송 프로그램을 통하여 자동으로 전송됩니다. 감독위원의 지시에 따라 주시기 바랍니다.

7. 다음사항의 경우 실격(0점) 혹은 부정행위 처리됩니다.
   1) 답안을 저장하지 않았거나, 저장한 파일이 손상되었을 경우
   2) 답안파일을 다른 보조 기억장치(디스켓, USB) 혹은 네트워크(메신저, 게시판 등)로 전송할 경우
   3) 휴대용 전화기 등 통신장비를 사용할 경우

8. 시험의 완료는 작성이 완료된 답안을 저장하고, 답안 전송이 완료된 상태를 확인한 것으로 합니다. 답안 전송 확인 후 문제지는 감독위원에게 제출한 후 퇴실하여야 합니다.

9. 답안전송이 완료된 경우에는 수정 또는 정정이 불가능합니다.

10. 시험시행 후 문제 공개 및 합격자 발표는 홈페이지(www.diat.or.kr)에서 확인하시기 바랍니다.
    1) 문제 및 정답 공개 : 20XX. XX. XX(X)
    2) 합격자 발표 : 20XX. XX. XX(X)

디지털정보활용능력

인터넷정보검색 [시험시간 : 40분]

유의사항

- 답안지 파일에 수검번호, 성명을 정확히 기재하여 주십시오.
- 답안지의 URL란에는 반드시 정답의 내용이 나타나는 웹 페이지의 절대경로를 기재하고, 한 개의 URL만 기재하십시오.
  (만일 프레임구조의 웹 페이지에서 주소 표시줄에 나타나는 URL만으로는 정답이 위치한 하부의 페이지를 찾을 수 없을 경우 정답으로 인정하지 않음)
  ※ 절대경로란? : 해당 웹 페이지에서 마우스 오른쪽 버튼을 클릭한 후 [등록 정보] 또는 [속성] 항목을 선택한 화면에 나타나는 주소(URL)
- 검색엔진의 '웹페이지' 검색에서 [미리보기]에 해당하는 URL을 기재한 경우 오답 처리됩니다.
- 회원가입 및 등업 후 내용 확인이 가능한 포털의 카페, 블로그, 지식검색, 댓글, 소셜 네트워크 등의 URL은 정답으로 인정되지 않습니다.
- 첨부파일에서 답안을 찾은 경우 첨부파일까지의 URL을 정확히 기재하지 않은 경우 오답 처리됩니다.
  (예 : http://www.diat.or.kr/aa.hwp - 정답)

문제1

대통령 소속하에 설치된 (①)은/는 무의미한 연명치료를 중단하기 위한 방안을 제시하고 이에 대한 법적근거를 마련하기로 하였다. (①)은/는 체세포핵이식행위 및 잔여배아이용 연구의 종류 및 범위, 금지되는 유전자검사의 종류 등에 관한 안건을 심의하는 기관으로, 생명윤리 및 안전에 대한 정책을 수립하는 역할을 담당하고 있다. (②)은/는 회복가능성이 희박한 환자를 대상으로 무의미한 연명치료를 중단하고 환자의 통증 완화 등에 대한 치료와 심리적, 정신적 안정을 취할 수 있도록 도와주는 포괄적 치료행위를 말한다.

배점 : ① 10점   ② 10점

문제2

이것은 발상의 전환과 기발한 사고를 통해 엉뚱하고 이색적인 연구 결과를 낸 사람에게 수여하는 상으로, 과학에 대한 일반인의 관심을 불러일으키기 위해 1991년 제정되었다. 현실적으로 실용적인 연구인지는 중요하지 않으며, 매년 연구 성과에 따라 평화·생물학·의학·수학·경제 등 10부문에서 시상한다. 시상에 따른 별도의 상금은 없으며 시상식 참가비도 자비로 해결해야 하고 수상소감 발표도 60초로 제한되지만 노벨상 수상자들이 직접 시상할 정도로 권위 있는 시상식으로 인정받고 있다. 이 상의 이름은?

배점 : 10점

디지털정보활용능력 — 인터넷정보검색 [시험시간 : 40분]

문제3

이것은 재판의 질과 품격을 한 차원 높이기 위해 마련된 것으로, 사법연수원이나 로스쿨을 수료하고 변호사 자격시험을 통과한 사람 중에서 선발해 법률연구관으로 법원과 검찰 등에서 일정 기간 실무에 종사하게 한 뒤 임용심사를 거쳐 법관으로 임용하는 제도이다. 재판부의 사건 심리 및 법률에 관한 연구 등과 공익법무관으로 법률 구조 활동을 펼치는 등의 다양한 분야에서 활동하게 되며, 법원은 이들의 활동을 평가해 우수한 인력을 법관으로 임관하게 된다. 이것이 가리키는 용어는?

배점 : 10점

문제4

이것은 상품이나 서비스 등을 구매하지 않아 기업의 수익에는 도움이 되지 않는 얌체 고객이지만 소비자 입장에서는 기업의 각종 부가 혜택 서비스를 최대한 활용하는 똑똑한 소비자를 일컫는 말이다. 또한 그릇에 체리와 신포도가 담겨져 있다면 이중 맛있는 체리만을 쏙쏙 빼먹는 사람을 뜻하는 용어로, 자신의 이익을 이기적으로 취하려고만 하는 사람을 뜻하기도 한다. 최근 들어 점차 고도화되는 이것의 수법과 이를 막기 위한 기업들의 두뇌싸움이 치열해지고 있다. 이것이 가리키는 용어는?

배점 : 10점

문제5

타원 모양의 섬인 이것은 용산이나 노량진 부근을 주행할 때 시선을 사로잡는 섬으로 유명한 곳이다. '백로가 놀던 돌' 이라는 뜻에서 유래된 이름으로, 본래에는 따로 떨어진 섬이 아니라 모래벌판으로 이어진 곳이었다. 따라서 1960년대까지만 해도 주변의 한강 백사장이 넓게 남아있어 많은 시민들이 물놀이와 낚시를 즐기기도 하였지만 1968년부터 한강개발계획에 따라 강변북로의 건설에 백사장의 모래가 사용됨에 따라 모래밭은 사라지고, 주위로 강물이 흘러 지금과 같은 모습이 되었다. 이 섬의 이름은?

배점 : 10점

디지털정보활용능력 — 인터넷정보검색 [시험시간 : 40분]

문제6

이것은 개인용 컴퓨터가 아닌 인터넷으로 연결된 컴퓨터에 영화, 음악, 문서, 주소록 등의 다양한 콘텐츠를 저장한 후 스마트폰이나 스마트 TV 등의 IT 기기를 이용해 손쉽게 저장한 정보를 활용할 수 있는 기술이나 환경을 말한다. 전 세계적으로 비용이나 서비스, 업무 효율화를 위해 이것이 급속도록 확산되고 있으며, 주요 국가들도 IT 부문의 정책에 대한 개혁과 혁신이 요구되면서 범용화와 개방화 등을 지양하고 있어 이것은 중요한 이슈로 떠오르고 있다. 이것이 가리키는 용어는?

배점 : 10점

문제7

(①)은/는 우리나라 정부가 주관하는 영화제로, 1992년부터는 민간기업의 후원 등을 통해 민간 주도의 영화제로 자리 잡고 있다. (①)은/는 전문성과 공정성을 기하기 위해 심사 과정과 채점표 등을 일반인에 공개하고 있으며, 수상 부문에는 작품상, 감독상, 남녀주연상, 남녀조연상, 촬영상, 미술상, 신인상 등이 있다. (②)은/는 2012년 49회 (①) 시상식에서 최우수작품상, 남우주연상 등 15개 부문을 독식한 영화로, 천만관객 동원 영화에 이름을 올리기도 하였으나 스크린 독과점 논란을 불러일으키기도 하였다.

배점 : ① 10점   ② 10점

문제8

레알 마드리드는 스페인 마드리드의 산티아고 베르나베우에서 열린 2012 스페인 슈퍼컵 2차전에서 라이벌인 바르셀로나와 겨룬 시즌 두 번째 이것에서 승리해 2008년 이후 4년 만에 스페인 슈퍼컵 우승컵을 거머쥐었다. '전통의 경기'라는 뜻의 이것은 스페인의 프리메라리가 리그에서 레알 마드리드와 같은 지역을 연고지로 하는 FC바르셀로나와의 라이벌 경기를 이르는 용어로, 매년 국제적으로 열리는 축구경기 중 가장 시청률이 높은 이 경기의 이름은?

배점 : 10점

제02회 최신기출문제
[DIAT; Digital Information Ability Test]

- 시험과목 : 인터넷정보검색
- 시험일자 : 20XX. XX. XX(X)
- 수검자 기재사항 및 감독자 확인

수 검 번 호	DII - XXXX -	감독관 확인
성 명		

수검자 유의사항

1. 수검자는 신분증을 지참하여야 시험에 응시할 수 있으며, 미지참 시 퇴실 조치합니다.
2. 시스템(PC작동여부, 네트워크 상태 등)의 이상여부를 반드시 확인하여야 하며, 시스템 이상이 있을시 감독관에게 조치를 받으셔야 합니다.
3. 시험 중 시스템 오류 또는 시스템 다운 증상에 대해서는 수험자 본인에게 책임이 있습니다.
4. 시험 중 부주의 또는 고의로 시스템을 파손한 경우는 수검자 부담으로 합니다.
5. 답안 전송 프로그램을 통하여 자동으로 다운로드 받은 파일을 이용하여 답안파일을 작성하시기 바랍니다.
6. 작성한 답안 파일은 답안 전송 프로그램을 통하여 자동으로 전송됩니다. 감독위원의 지시에 따라 주시기 바랍니다.
7. 다음사항의 경우 실격(0점) 혹은 부정행위 처리됩니다.
    1) 답안을 저장하지 않았거나, 저장한 파일이 손상되었을 경우
    2) 답안파일을 다른 보조 기억장치(디스켓, USB) 혹은 네트워크(메신저, 게시판 등)로 전송할 경우
    3) 휴대용 전화기 등 통신장비를 사용할 경우
8. 시험의 완료는 작성이 완료된 답안을 저장하고, 답안 전송이 완료된 상태를 확인한 것으로 합니다. 답안 전송 확인 후 문제지는 감독위원에게 제출한 후 퇴실하여야 합니다.
9. 답안전송이 완료된 경우에는 수정 또는 정정이 불가능합니다.
10. 시험시행 후 문제 공개 및 합격자 발표는 홈페이지(www.diat.or.kr)에서 확인하시기 바랍니다.
    1) 문제 및 정답 공개 : 20XX. XX. XX(X)
    2) 합격자 발표 : 20XX. XX. XX(X)

한국정보통신진흥협회 KAIT

디지털정보활용능력 인터넷정보검색 [시험시간 : 40분]

유의사항

- 답안지 파일에 수검번호, 성명을 정확히 기재하여 주십시오.
- 답안지의 URL란에는 반드시 정답의 내용이 나타나는 웹 페이지의 절대경로를 기재하고, 한 개의 URL만 기재하십시오.
  (만일 프레임구조의 웹 페이지에서 주소 표시줄에 나타나는 URL만으로는 정답이 위치한 하부의 페이지를 찾을 수 없을 경우 정답으로 인정하지 않음)
  ※ 절대경로란? : 해당 웹 페이지에서 마우스 오른쪽 버튼을 클릭한 후 [등록 정보] 또는 [속성] 항목을 선택한 화면에 나타나는 주소(URL)
- 검색엔진의 '웹페이지' 검색에서 [미리보기]에 해당하는 URL을 기재한 경우 오답 처리됩니다.
- 회원가입 및 등업 후 내용 확인이 가능한 포털의 카페, 블로그, 지식검색, 댓글, 소셜 네트워크 등의 URL은 정답으로 인정되지 않습니다.
- 첨부파일에서 답안을 찾은 경우 첨부파일까지의 URL을 정확히 기재하지 않은 경우 오답 처리됩니다.
  (예 : http://www.diat.or.kr/aa.hwp - 정답)

문제1

(①)은/는 신라의 역사를 한눈에 볼 수 있는 도시로, 세계 몇 안 되는 천년고도 중 하나이다. (①)은/는 진귀한 문화재가 도시 곳곳에 산재하고 있어 도시 전체가 하나의 거대한 박물관이라고 할 만큼 역사적 가치가 뛰어나며, 그 중 (②)은/는 유네스코 세계문화유산으로 지정된 사찰로 한국의 불교문화를 대표하기도 한다. 또한 (②)은/는 석가탑, 다보탑 등 수많은 문화재를 보유하고 있으며, 한국의 불교문화를 세계에 널리 알리는 역할을 하고 있다.

배점 : ① 10점   ② 10점

문제2

콩팥은 노폐물을 체외로 배설하고, 소변의 농도와 양을 조절하여 삼투압을 일정하게 유지하는 기능을 한다. 우리의 몸은 체액의 삼투압이 일정하게 유지되지 않으면 세포에 이상이 생기기 때문에 호르몬을 통해 수분량과 무기 염류의 양을 조절하여 삼투압을 일정하게 유지한다. 음식을 짜게 먹어 혈액의 삼투압이 높아지면 시상 하부의 명령에 의해 뇌하수체 후엽에서 이 물질의 분비가 증가한다. 이 물질은 콩팥에서 수분의 재흡수를 촉진하므로 이 물질의 분비가 증가하면 소변의 양이 줄어들고, 삼투압이 낮아진다. 이 물질의 이름은?

배점 : 10점

디지털정보활용능력 — 인터넷정보검색 [시험시간 : 40분]

문제3

이것은 판매자와 소비자가 컴퓨터 통신망을 기반으로, 물건을 사고파는 모든 활동을 말한다. 시간과 공간의 제약을 받지 않고, 누구나 쉽게 네트워크를 이용한 거래가 가능하다는 장점을 가지고 있다. 또한 기업과 기업 간 거래, 기업과 개인 간 거래, 기업과 행정기관 거래, 개인과 행정기관 거래 등 많은 분야에 활용되고 있다. 그러나 인터넷 사용의 급증으로 사용자가 늘어남에 따라 개인정보 유출과 같은 심각한 보안의 문제점도 발생하기도 하는 이것이 가리키는 용어는?

배점 : 10점

문제4

이것은 인터넷을 기반으로 한 방송의 하나로, 라디오 방송을 디지털로 녹음해 인터넷망을 통하여 제공하는 서비스이다. 기존 라디오 방송과는 달리 방송시간을 맞춰 들을 필요가 없고, PC 또는 스마트폰과 같은 휴대용 기기에 저장하여 시간과 장소의 제약 없이 다양한 콘텐츠를 제공받을 수 있으며, 최근에는 비디오 형식의 프로그램도 사용자에게 구독할 수 있도록 하고 있다. 단지 구독 방식이라는 점이 다른 온라인 미디어와 구별되는 이것이 가리키는 용어는?

배점 : 10점

문제5

햄버거는 세계인의 입맛을 사로잡은 대표음식 중 하나이다. 하지만 환경 운동가들의 주장에 따르면 햄버거 하나를 소비할 때 마다 열대림의 나무 한 그루가 사라진다고 한다. 멕시코의 환경 운동가 가브리엘 과드리는 중앙아메리카 숲의 25% 이상이 목초지 조성을 위해 벌채되었으며, 70년대 말에는 중앙아메리카 전체의 농토 2/3이 축산 단지로 점유되었다고 주장하고 있다. 열대림 파괴에서 육우 사육으로, 이것이 햄버거 생산으로 이어지는 반생태적 연결고리로 불리는 이것은?

배점 : 10점

문제6

유리를 녹이거나 반도체를 세공할 때 사용하는 화학물질인 이것은 무색투명한 액체로 독성이 매우 강하며, 공기 중에서 발연하는 특성을 가지고 있다. 또한 공기 중에 유출되면 공기보다 가벼워 빠른 속도로 확산되어 사람에게 두통, 구토 등의 증상과 피부에 심한 통증을 유발시키고, 식물에 대해서도 나뭇잎이 말라 버리는 등의 피해를 유발시킨다. 우리나라는 2012년 9월 구미에서 이 물질의 유출사고가 발생하여 많은 사상자를 내었고 공장 일대와 주민은 물론 동식물에까지 많은 피해를 일으키기도 하는 이 물질의 이름은?

배점 : 10점

문제7

(①)은/는 항공우주 기술의 선도와 개발, 보급을 위해 설립된 기관으로, 국민의 안전한 삶을 보장하고 삶의 질 향상에 기여하는 한편, 하늘과 우주를 향한 꿈과 가치를 구현해 나가고 있다. (①)의 주요 기능은 항공우주 핵심기술 연구 개발 및 정책 수립, 실용화 및 품질 확보를 위한 기술 개발 등으로, 1999년 12월에는 국내 최초의 실용위성 (②) 1호 발사에 성공하기도 하였으며, 한국 최초의 우주인 이소연 박사가 임무를 완수하고 안전하게 귀환하는 업무를 맡기도 하였다.

배점 : ① 10점   ② 10점

문제8

이것은 점토를 건조하거나 구워서 만든 여러 가지 형상의 건축용 도기 또는 미술적 작품들의 소재를 말하며, 여러 특성을 지닌 점토를 이용해 다양한 색채의 작품을 만들 수 있다. 이집트, 메소포타미아 등지의 유적지에서도 이것으로 된 소형의 조각상들이 발굴되고 있어, 진흙을 이용해 입체적인 건축용 장식을 만드는 것은 이미 선사시대부터 이용되었음을 알 수 있다. 현재에도 조각 작품의 소재로 널리 이용되고 있는 이것은?

배점 : 10점

제03회 최신기출문제
[DIAT; Digital Information Ability Test]

- 시험과목 : 인터넷정보검색
- 시험일자 : 20XX. XX. XX(X)
- 수검자 기재사항 및 감독자 확인

수 검 번 호	DII - XXXX -	감독관 확인
성 명		

수검자 유의사항

1. 수검자는 신분증을 지참하여야 시험에 응시할 수 있으며, 미지참 시 퇴실 조치합니다.
2. 시스템(PC작동여부, 네트워크 상태 등)의 이상여부를 반드시 확인하여야 하며, 시스템 이상이 있을시 감독관에게 조치를 받으셔야 합니다.
3. 시험 중 시스템 오류 또는 시스템 다운 증상에 대해서는 수험자 본인에게 책임이 있습니다.
4. 시험 중 부주의 또는 고의로 시스템을 파손한 경우는 수검자 부담으로 합니다.
5. 답안 전송 프로그램을 통하여 자동으로 다운로드 받은 파일을 이용하여 답안파일을 작성하시기 바랍니다.
6. 작성한 답안 파일은 답안 전송 프로그램을 통하여 자동으로 전송됩니다. 감독위원의 지시에 따라 주시기 바랍니다.
7. 다음사항의 경우 실격(0점) 혹은 부정행위 처리됩니다.
    1) 답안을 저장하지 않았거나, 저장한 파일이 손상되었을 경우
    2) 답안파일을 다른 보조 기억장치(디스켓, USB) 혹은 네트워크(메신저, 게시판 등)로 전송할 경우
    3) 휴대용 전화기 등 통신장비를 사용할 경우
8. 시험의 완료는 작성이 완료된 답안을 저장하고, 답안 전송이 완료된 상태를 확인한 것으로 합니다. 답안 전송 확인 후 문제지는 감독위원에게 제출한 후 퇴실하여야 합니다.
9. 답안전송이 완료된 경우에는 수정 또는 정정이 불가능합니다.
10. 시험시행 후 문제 공개 및 합격자 발표는 홈페이지(www.diat.or.kr)에서 확인하시기 바랍니다.
    1) 문제 및 정답 공개 : 20XX. XX. XX(X)
    2) 합격자 발표 : 20XX. XX. XX(X)

디지털정보활용능력   인터넷정보검색 [시험시간 : 40분]

유의사항

- 답안지 파일에 수검번호, 성명을 정확히 기재하여 주십시오.
- 답안지의 URL란에는 반드시 정답의 내용이 나타나는 웹 페이지의 절대경로를 기재하고, 한 개의 URL만 기재하십시오.
  (만일 프레임구조의 웹 페이지에서 주소 표시줄에 나타나는 URL만으로는 정답이 위치한 하부의 페이지를 찾을 수 없을 경우 정답으로 인정하지 않음)
  ※ 절대경로란? : 해당 웹 페이지에서 마우스 오른쪽 버튼을 클릭한 후 [등록 정보] 또는 [속성] 항목을 선택한 화면에 나타나는 주소(URL)
- 검색엔진의 '웹페이지' 검색에서 [미리보기]에 해당하는 URL을 기재한 경우 오답 처리됩니다.
- 회원가입 및 등업 후 내용 확인이 가능한 포털의 카페, 블로그, 지식검색, 댓글, 소셜 네트워크 등의 URL은 정답으로 인정되지 않습니다.
- 첨부파일에서 답안을 찾은 경우 첨부파일까지의 URL을 정확히 기재하지 않은 경우 오답 처리됩니다.
  (예) : http://www.diat.or.kr/aa.hwp – 정답)

문제1

(①)은/는 정삼각형, 정사각형 등과 같이 동일한 모양의 도형을 이용해 빈틈이나 포개짐 없이 평면 또는 공간을 완전히 가득 채우는 것을 말한다. 이집트, 로마, 페르시아, 그리스, 아라비아, 중국 등에서도 (①)을/를 이용한 문양을 쉽게 발견할 수 있으며, (①)을/를 이용한 가장 대표적인 건축물로는 스페인의 그라나다에 위치한 이슬람식 (②)이/가 유명하다. (②)은/는 13세기 후반에 창건되어 14세기 말에 완성되었으며 건축이나 장식 모두 이슬람 미술의 정점을 나타내는 대표적인 건축물이다.

배점 : ① 10점   ② 10점

문제2

이것은 타인으로부터 긍정적인 믿음과 관심 등을 받을 경우 그러한 믿음과 관심에 부응하는 행동으로 결과가 좋아지는 현상을 말하는 용어이다. 즉, 교사의 긍정적인 기대가 학생에게 긍정적인 영향을 미치는 심리적 요인이 될 수 있다는 뜻으로 아이들을 학습시키는 과정에서 자주 경험할 수 있는 현상이다. 조각가였던 왕의 이름에서 유래한 심리용어인 이것은 아름다운 여인을 조각하고 그 조각상을 진심으로 사랑하게 되자, 그의 사랑에 신이 감동하여 조각상에 생명을 주었다는 그리스 신화에서 찾아볼 수 있다. 이것이 가리키는 용어는?

배점 : 10점

디지털정보활용능력 — 인터넷정보검색 [시험시간 : 40분]

문제3

모바일 소액 결제 이용자들을 대상으로 한 신종 사기 범죄가 지속적으로 발생하고 있어 이에 이동통신 회사들은 피해 재발 방지를 위해 이것을 통한 불법적인 결제를 차단할 수 있는 조치를 취하기로 하였다. 이것은 휴대폰을 이용한 신종 해킹 기법으로, 사용자에게 문자메시지를 보내거나 어플을 다운받게 한 후 악성코드가 설치되어 있는 웹사이트로 접속하도록 유도하고 사용자가 접속하는 순간 악성 프로그램을 주입해 휴대폰을 통제하며 개인정보 등을 유출해 가는 신종 사기 범죄이다. 이것이 가리키는 용어는?

배점 : 10점

문제4

미국의 심리학자가 명명한 이것은 연령이나 육체적으로는 이미 성년이지만 사고나 행동은 어린아이에 머물러 있는 심리적인 현상을 말한다. 성장하는 것을 두려워하고 성인들의 사회에 적응하지 못하며 어린아이처럼 언제까지나 보호받고 싶어 하는 인간 본능의 단면을 보여준다. 정부 주도형 경제개발시대(1960~70년대)에 급성장한 기업들이 정부에 규제완화와 자율화 등을 외치면서 정작 고비를 맞게 되면 정부의 보호를 요구하는 것도 이것의 또 다른 형태라고 할 수 있다. 이 증후군의 이름은?

배점 : 10점

문제5

이것은 여론 기관인 삼사의 관료와 자신의 후임을 추천할 수 있는 권한이 있었던 조선시대의 관직으로, 오늘날에는 대통령 인사비서관에 해당하는 관직이라 할 수 있다. 조선시대의 붕당 정치는 바로 이 자리에서 비롯되었다고 할 수 있다. 선조 8년(1575년) 훈구파를 몰아내고 권력을 잡은 사림파는 훈구파에 대한 처리를 두고 두 파로 나뉘었는데, 양측은 서로 자기편의 인물을 이 직위에 임명하려 하였고 이를 계기로 사림파가 동인과 서인으로 나뉘어 붕당 정치가 시작되었다. 이것이 가리키는 관직의 이름은?

배점 : 10점

디지털정보활용능력 — 인터넷정보검색 [시험시간 : 40분]

문제6

전 세계 163개국 정상들이 참석한 이 회의는 1997년 유엔 사무총장의 제안으로 3년 동안의 준비기간을 거쳐 2000년 9월 뉴욕의 유엔본부에서 개최된 사상 최대의 국제 정상회의이다. 회의 기간 동안 매일 두 차례의 전체회의가 총회장에서 열렸으며 실질적인 회담을 위해 세계 각국 정상들의 원탁회의가 별도로 진행되었다. 국제관계의 핵심적 근본가치를 자유와 평등, 결속, 관용, 자연보호, 책임분담 등으로 규정하고 평화와 안보, 군축, 빈곤퇴치 등 지구촌 현안 해결의 원칙과 방향을 제시하였다. 이 회의의 이름은?

배점 : 10점

문제7

(①)은/는 시인으로 시작하여 단편 소설에서 장편 소설까지 집필한 우리나라 대표 소설가로 간결한 문체와 시적 감수성, 그리고 인간 존엄성에 대한 성찰 등의 문학적 특징을 잘 보여준 소설가이기도 하다. 1955년 자유문학상을 수상한 장편 소설 (②)에서도 (①)의 집필 특징이 잘 드러난다. (②)은/는 해방 이후 북한을 배경으로 하여 토지개혁 등에 대한 역사적 체험을 담아낸 장편 소설로, 인간의 근본적인 가치 희구와 분단 상황의 민족적 비극 등을 표현하고 있다.

배점 : ① 10점   ② 10점

문제8

이것은 야구와 유사한 스포츠이지만 홈플레이트 뒤쪽에 배팅 티(Tee)를 두고 그 위에 볼을 올려놓은 상태에서 타자가 볼을 치고 달리는 방법으로 진행된다. 경기 특성상 별도의 투수가 필요 없으며 경기 규칙도 볼을 치고, 달리고, 던지는 등 매우 단순하다. 이것은 투수가 별도로 없는 대신에 모든 포지션의 선수가 함께 참여할 수 있는 스포츠라고 할 수 있다. 또한 대부분 야구와 동일한 규칙을 적용하지만 안전을 위해 도루나 슬라이딩 등은 금지하고 있는 이 스포츠의 이름은?

배점 : 10점

최신기출문제

[DIAT; Digital Information Ability Test]

- 시험과목 : 인터넷정보검색
- 시험일자 : 20XX. XX. XX(X)
- 수검자 기재사항 및 감독자 확인

수 검 번 호	DII - XXXX -	감독관 확인
성 명		

수검자 유의사항

1. 수검자는 신분증을 지참하여야 시험에 응시할 수 있으며, 미지참 시 퇴실 조치합니다.
2. 시스템(PC작동여부, 네트워크 상태 등)의 이상여부를 반드시 확인하여야 하며, 시스템 이상이 있을시 감독관에게 조치를 받으셔야 합니다.
3. 시험 중 시스템 오류 또는 시스템 다운 증상에 대해서는 수험자 본인에게 책임이 있습니다.
4. 시험 중 부주의 또는 고의로 시스템을 파손한 경우는 수검자 부담으로 합니다.
5. 답안 전송 프로그램을 통하여 자동으로 다운로드 받은 파일을 이용하여 답안파일을 작성하시기 바랍니다.
6. 작성한 답안 파일은 답안 전송 프로그램을 통하여 자동으로 전송됩니다. 감독위원의 지시에 따라 주시기 바랍니다.
7. 다음사항의 경우 실격(0점) 혹은 부정행위 처리됩니다.
    1) 답안을 저장하지 않았거나, 저장한 파일이 손상되었을 경우
    2) 답안파일을 다른 보조 기억장치(디스켓, USB) 혹은 네트워크(메신저, 게시판 등)로 전송할 경우
    3) 휴대용 전화기 등 통신장비를 사용할 경우
8. 시험의 완료는 작성이 완료된 답안을 저장하고, 답안 전송이 완료된 상태를 확인한 것으로 합니다. 답안 전송 확인 후 문제지는 감독위원에게 제출한 후 퇴실하여야 합니다.
9. 답안전송이 완료된 경우에는 수정 또는 정정이 불가능합니다.
10. 시험시행 후 문제 공개 및 합격자 발표는 홈페이지(www.diat.or.kr)에서 확인하시기 바랍니다.
    1) 문제 및 정답 공개 : 20XX. XX. XX(X)
    2) 합격자 발표 : 20XX. XX. XX(X)

디지털정보활용능력 — 인터넷정보검색 [시험시간 : 40분]

유의사항

- 답안지 파일에 수검번호, 성명을 정확히 기재하여 주십시오.
- 답안지의 URL란에는 반드시 정답의 내용이 나타나는 웹 페이지의 절대경로를 기재하고, 한 개의 URL만 기재하십시오.
  (만일 프레임구조의 웹 페이지에서 주소 표시줄에 나타나는 URL만으로는 정답이 위치한 하부의 페이지를 찾을 수 없을 경우 정답으로 인정하지 않음)
  ※ 절대경로란? : 해당 웹 페이지에서 마우스 오른쪽 버튼을 클릭한 후 [등록 정보] 또는 [속성] 항목을 선택한 화면에 나타나는 주소(URL)
- 검색엔진의 '웹페이지' 검색에서 [미리보기]에 해당하는 URL을 기재한 경우 오답 처리됩니다.
- 회원가입 및 등업 후 내용 확인이 가능한 포털의 카페, 블로그, 지식검색, 댓글, 소셜 네트워크 등의 URL은 정답으로 인정되지 않습니다.
- 첨부파일에서 답안을 찾은 경우 첨부파일까지의 URL을 정확히 기재하지 않은 경우 오답 처리됩니다.
  (예 : http://www.diat.or.kr/aa.hwp − 정답)

문제1

인천공항 내에 위치한 (①)은/는 우리나라를 입출항하는 항공기의 안전 및 효율적인 비행활동을 보장하기 위해 1995년 3월에 설립된 국토해양부 산하기관이다. 항공 부이사관 (②)이/가 제1대 센터장으로 재임하였으며, 21세기 동북아 중추 항공선진국으로 도약하기 위해 세계적 수준의 항공기술을 적극 도입하고 있다. (①)은/는 항공 교통관제 업무, 비행 정보 업무, 조난 항공기에 대한 경보 업무 등을 담당하고 있으며 관할하는 인천 비행정보구역의 면적은 남한 전역과 삼면의 바다를 포함하여 약 43만㎢이다.

배점 : ① 10점   ② 10점

문제2

객관적 관념론의 창시자이며 형이상학적 이론인 이데아론을 제창한 고대 그리스 시대의 철학자이다. 소크라테스의 가르침을 받은 제자로 소크라테스의 언행을 정리하여 책으로 남기기도 하였으며, 40세경 아테네 교외에 서양 최초의 고등 교육 기관인 아카데미아 학교를 설립하기도 하였다. 이 철학자의 철학은 피타고라스, 파르메니데스, 헤라클레이토스 등의 영향을 받았으며 이 철학자가 주장한 이데아론은 서양철학 사상사의 막대한 영향과 자극을 주었다. 이 철학자의 이름은?

배점 : 10점

디지털정보활용능력 — 인터넷정보검색 [시험시간 : 40분]

문제3

전라남도 고흥군에 위치한 우주발사체 발사기지로 우주기술 선진국 진입이라는 국가적인 목표와 미래 우주시대 개척을 위한 우주개발의 전초기지 역할을 담당하고 있다. 발사대 시스템, 발사 통제 시스템, 위성 시험동, 고체 모터동, 광학 장비동, 우주교육홍보관 등과 우주발사체 비행정보를 수신하기 위한 추적시스템 등을 갖추고 있으며, 2010년 과학기술위성 2호 발사를 시작으로 2015년까지 과학기술위성 4기와 다목적 실용위성 5기를 발사할 계획이다. 이곳의 명칭은?

배점 : 10점

문제4

노벨문학상을 수상한 미국의 작가로, 제1차 세계대전 후 특파원으로 파리에 있으면서 평론가이자 시인인 파운드(E.L. Pound)의 영향을 받아 문학 활동을 시작하게 되었다. 1923년부터 '3편의 단편과 10편의 시', '우리들의 시대에', '봄의 분류' 등을 발표하였으며, 1926년에는 장편 소설인 '해는 또다시 떠오른다'를 발표하여 문단에서 명성을 얻게 되었다. 또한 이탈리아 전선의 체험과 배경을 묘사한 장편소설 '무기여 잘 있거라'를 발표하여 작가로서의 지위를 확립하게 되었다. 이 작가의 이름은?

배점 : 10점

문제5

고객에게 보다 안전한 먹거리를 공급하고 환경을 보전하기 위해 농약, 화학비료 등을 전혀 사용하지 않거나 적은 양만을 사용하여 생산하는 농산물로, 전문인증기관이 선별 및 검사하고 정부가 인증하여 안정성을 보증하고 있다. 이것의 종류에는 3가지(유기농, 무농약, 저농약) 인증방법이 있으며, 멜라민 파동이후 농산물의 대량생산보다는 보다 안전하고 신선한 농산물을 소비자에게 공급할 수 있도록 하는 정책 및 의식이 널리 퍼지면서 일반 농산물에 대한 이것의 점유율도 날로 증가하고 있다. 이것의 용어는?

배점 : 10점

디지털정보활용능력 — 인터넷정보검색 [시험시간 : 40분]

문제6

이 증후군은 유전자의 이상으로 인하여 빠르게 노화가 진행되는 유전자 질환을 말하는 것으로, 독일의 한 과학자가 자신의 박사학위 논문에 기술하면서 이 증후군의 이름을 사용하게 되었다. 이 증후군의 환자는 사춘기까지는 정상적으로 성장하지만 사춘기가 시작되면서 급격히 노화가 진행되어 머리카락이 희거나 빠진다. 또한 백내장, 당뇨병, 골다공증, 강피증적 피부변화, 혈관의 석회화 등과 같은 질병이 동반되어 40~50대에 사망에 이른다. 이 증후군의 명칭은 무엇인가?

배점 : 10점

문제7

1970년 5월 26일 문화재로 지정된 (①)은/는 태조의 계비 (②)의 능으로, 태조는 극진히 사랑하였던 (②)이/가 갑자기 승하하자 덕수궁 뒤쪽에 능역을 조성하였고, 나중에 본인이 묻힐 자리까지 마련하여 능호를 (①)로/으로 정하였다고 한다. (①)은/는 조선을 건국한 후 최초로 조성한 능으로, 처음에는 현재의 영국대사관 자리에 능역을 조성하였으나 태종이 왕위에 오르면서 (②)을/를 평민으로 강등하고 현재의 정릉동으로 자리를 옮겼다고 한다.

배점 : ① 10점   ② 10점

문제8

이 용어는 특정 동물에 빗대어 만든 신조어로, 경제적으로 독립할 나이가 되었음에도 적극적으로 취직 활동을 하지 않거나 취직을 하였어도 독립적인 생활을 하지 않고 부모에게 경제적으로 의존하는 20~30대의 젊은 세대를 가리킨다. 이 용어는 우리나라가 IMF 관리체제 아래 있던 시절 대학가에서 유행하였으며, 당시 심각한 취업난을 피하기 위한 방안으로 휴학, 해외연수 등을 통해 학생 신분을 계속 유지하거나 졸업 후에도 취업을 하지 못하고 부모에게 경제적으로 의존하는 젊은이들을 총칭하여 불렀던 용어다. 이 용어의 명칭은?

배점 : 10점

제05회 최신기출문제
[DIAT; Digital Information Ability Test]

- 시험과목 : 인터넷정보검색
- 시험일자 : 20XX. XX. XX(X)
- 수검자 기재사항 및 감독자 확인

수 검 번 호	DII - XXXX -	감독관 확인
성 명		

수검자 유의사항

1. 수검자는 신분증을 지참하여야 시험에 응시할 수 있으며, 미지참 시 퇴실 조치합니다.
2. 시스템(PC작동여부, 네트워크 상태 등)의 이상여부를 반드시 확인하여야 하며, 시스템 이상이 있을시 감독관에게 조치를 받으셔야 합니다.
3. 시험 중 시스템 오류 또는 시스템 다운 증상에 대해서는 수험자 본인에게 책임이 있습니다.
4. 시험 중 부주의 또는 고의로 시스템을 파손한 경우는 수검자 부담으로 합니다.
5. 답안 전송 프로그램을 통하여 자동으로 다운로드 받은 파일을 이용하여 답안파일을 작성하시기 바랍니다.
6. 작성한 답안 파일은 답안 전송 프로그램을 통하여 자동으로 전송됩니다. 감독위원의 지시에 따라 주시기 바랍니다.
7. 다음사항의 경우 실격(0점) 혹은 부정행위 처리됩니다.
    1) 답안을 저장하지 않았거나, 저장한 파일이 손상되었을 경우
    2) 답안파일을 다른 보조 기억장치(디스켓, USB) 혹은 네트워크(메신저, 게시판 등)로 전송할 경우
    3) 휴대용 전화기 등 통신장비를 사용할 경우
8. 시험의 완료는 작성이 완료된 답안을 저장하고, 답안 전송이 완료된 상태를 확인한 것으로 합니다. 답안 전송 확인 후 문제지는 감독위원에게 제출한 후 퇴실하여야 합니다.
9. 답안전송이 완료된 경우에는 수정 또는 정정이 불가능합니다.
10. 시험시행 후 문제 공개 및 합격자 발표는 홈페이지(www.diat.or.kr)에서 확인하시기 바랍니다.
    1) 문제 및 정답 공개 : 20XX. XX. XX(X)
    2) 합격자 발표 : 20XX. XX. XX(X)

디지털정보활용능력 인터넷정보검색 [시험시간 : 40분]

유의사항

- 답안지 파일에 수검번호, 성명을 정확히 기재하여 주십시오.
- 답안지의 URL란에는 반드시 정답의 내용이 나타나는 웹 페이지의 절대경로를 기재하고, 한 개의 URL만 기재하십시오.
  (만일 프레임구조의 웹 페이지에서 주소 표시줄에 나타나는 URL만으로는 정답이 위치한 하부의 페이지를 찾을 수 없을 경우 정답으로 인정하지 않음)
  ※ 절대경로란? : 해당 웹 페이지에서 마우스 오른쪽 버튼을 클릭한 후 [등록 정보] 또는 [속성] 항목을 선택한 화면에 나타나는 주소(URL)
- 검색엔진의 '웹페이지' 검색에서 [미리보기]에 해당하는 URL을 기재한 경우 오답 처리됩니다.
- 회원가입 및 등업 후 내용 확인이 가능한 포털의 카페, 블로그, 지식검색, 댓글, 소셜 네트워크 등의 URL은 정답으로 인정되지 않습니다.
- 첨부파일에서 답안을 찾은 경우 첨부파일까지의 URL을 정확히 기재하지 않은 경우 오답 처리됩니다.
  (예) : http://www.diat.or.kr/aa.hwp – 정답)

문제1

외환은행을 매각하고 철수한 미국계 펀드인 (①)이/가 한국 정부가 투자협정을 위반했다며 국가 간 투자분쟁을 조정하는 국제기구인 (②)에 투자자·국가 간 소송을 정식으로 제기하였다. (①)은/는 앞서 우리 정부에 투자자·국가 간 소송 제소 의사를 밝힌 바 있으며, 사전 협의기간인 6개월이 완료되자 정식으로 소송을 제기하였다. 최근 영국 국적의 중재재판장이 최종 선임되었으며 사건 심리 등의 다양한 절차가 진행된 후 최종판정이 내려진다.

배점 : ① 10점   ② 10점

문제2

버락 오바마 대통령은 2012년 미국 대통령 선거의 승부처였던 뉴햄프셔 주, 버지니아 주, 플로리다 주 등 이것을 뜻하는 주에서 승리하여 선거인단 332명을 확보, 206명에 그친 롬니 후보를 크게 앞서며 재선에 성공하였고, 시카고의 선거캠프에서 가진 당선 축하연설에서 '미국은 하나의 국민, 하나의 나라인 합중국'이라고 밝혔으며, 선거 슬로건이었던 '앞으로'를 강조하였다. 이것은 미국에서 전통적으로 공화당 우세지역이거나 민주당 우세지역이 아닌 곳을 일컫는 말로 정치적 성향이 뚜렷하지 않은 주를 뜻한다. 이것의 용어는?

배점 : 10점

디지털정보활용능력 — 인터넷정보검색 [시험시간 : 40분]

문제3

2005년 8월 보건복지부가 전국의 사회복지 관련 기관정보와 최신의 복지정보를 제공하기 위해 오픈한 사이트로, 국민과 사회복지 업무를 맡고 있는 관련 분야 담당자에게 다양한 복지정보와 서비스를 제공하고 있다. 이 사이트는 보육료, 양육수당, 유아학비, 장애인 활동지원 등을 온라인으로 신청할 수 있도록 서비스하고 있으며, 신청서의 진행상태 및 결과 등도 조회할 수 있다. 또한 개인별 상황에 맞는 복지 서비스를 찾을 수도 있으며, 서비스별 혜택 등을 계산해 볼 수도 있다. 이 사이트의 이름은?

배점 : 10점

문제4

다른 약용버섯과 마찬가지로 항암 작용, 면역력 강화, 혈당 및 콜레스테롤 조절 등의 효능이 뛰어난 것으로 알려져 있는 이 버섯은 수세기 동안 동양의학에서 약재로 사용되었으며 최근에는 세계적인 건강보조식품으로 판매되고 있다. 이 버섯은 숟가락, 부채, 은행나무 잎 등 여러 가지 모양의 갓들이 겹쳐 집단을 하고 있으며, 표고버섯, 송이버섯 등과 함께 일본을 대표하는 버섯 중 하나로 알려져 있다. 이 버섯의 일본어 이름을 우리나라 말로 번역하면 '춤추는 버섯'이라고 한다. 이 버섯의 명칭은?

배점 : 10점

문제5

기원은 정확히 알 수 없지만 흥선대원군의 경복궁 중건 시 부역을 나가던 백성들이 신세 한탄을 하면서 전국으로 퍼졌다고 추정되는 이 민요는 우리나라의 대표적인 전통민요 중 하나로, 2012년 11월 유네스코 인류무형문화유산 등재권고 판정을 받은 후 2012년 12월 프랑스 파리에서 열린 제7차 무형유산위원회에서 등재가 확정되었다. 이 민요의 인류무형유산 등재는 우리민족의 정서를 담고 있는 대중적인 것이 세계적으로 인정을 받았다는 점에서 큰 의의가 있다. 이 민요의 명칭은?

배점 : 10점

디지털정보활용능력 — 인터넷정보검색 [시험시간 : 40분]

문제6

합법적이고 공식적으로 운영 중인 도메인 자체를 중간에서 탈취하거나 도메인 네임 시스템 또는 프록시 서버 주소를 변조하여 일반 사용자들로 하여금 공식적인 사이트로 오인하도록 하여 개인정보 등을 빼내가는 새로운 인터넷 범죄 수법이다. 이 인터넷 범죄 수법의 경우 일반 사용자가 주의 깊게 도메인 주소나 URL 주소를 보더라도 쉽게 속을 수밖에 없으며 아이디와 암호, 금융 정보 등이 쉽게 노출되어 피해 위험성이 상당히 높다. 이 인터넷 범죄 수법의 명칭은?

배점 : 10점

문제7

현수교는 주각과 주각을 케이블로 연결하고 케이블에서 수직으로 늘어뜨린 강선에 상판을 매다는 방식의 교량을 말한다. 2013년 2월 전면 개통된 (①)은/는 순수 우리 기술로 시공한 국내 첫 현수교로, 현재까지 완수된 현수교 중 국내에서는 1위 규모, 세계에서는 4위 규모이다. (①)의 완성된 총 길이는 2,260m이고 주각과 주각과의 거리는 (②)m이다. (①)의 완성으로 여수국가산업단지와 광양항 및 광양국가산업단지 간의 이동거리가 대폭 줄었으며, 이동시간도 80분에서 10분으로 대폭 단축되었다.

배점 : ① 10점　　② 10점

문제8

이 스포츠는 유럽 지역에서 일찍부터 겨울스포츠로 자리매김하고 있으며 유럽은 물론 캐나다, 아르헨티나 등에서 매년 크고 작은 대회 및 월드챔피언십 등을 개최하고 있다. 정규 규모보다 30%정도 짧은 코스에서 진행되며, 단단하게 얼리고 다진 눈으로 페어웨이와 그린을 조성하고 눈 속에서도 공을 찾기 쉽도록 색깔이 있는 공을 사용한다. 국내에서는 2013년 1월 이 스포츠를 즐길 수 있는 클럽이 개장하였으며 2월에는 관련 대회를 개최하기도 하였다. 이 스포츠의 명칭은?

배점 : 10점

제06회 최신기출문제
[DIAT; Digital Information Ability Test]

- 시험과목 : 인터넷정보검색
- 시험일자 : 20XX. XX. XX(X)
- 수검자 기재사항 및 감독자 확인

수 검 번 호	DII - XXXX -	감독관 확인
성 명		

수검자 유의사항

1. 수검자는 신분증을 지참하여야 시험에 응시할 수 있으며, 미지참 시 퇴실 조치합니다.
2. 시스템(PC작동여부, 네트워크 상태 등)의 이상여부를 반드시 확인하여야 하며, 시스템 이상이 있을시 감독관에게 조치를 받으셔야 합니다.
3. 시험 중 시스템 오류 또는 시스템 다운 증상에 대해서는 수험자 본인에게 책임이 있습니다.
4. 시험 중 부주의 또는 고의로 시스템을 파손한 경우는 수검자 부담으로 합니다.
5. 답안 전송 프로그램을 통하여 자동으로 다운로드 받은 파일을 이용하여 답안파일을 작성하시기 바랍니다.
6. 작성한 답안 파일은 답안 전송 프로그램을 통하여 자동으로 전송됩니다. 감독위원의 지시에 따라 주시기 바랍니다.
7. 다음사항의 경우 실격(0점) 혹은 부정행위 처리됩니다.
    1) 답안을 저장하지 않았거나, 저장한 파일이 손상되었을 경우
    2) 답안파일을 다른 보조 기억장치(디스켓, USB) 혹은 네트워크(메신저, 게시판 등)로 전송할 경우
    3) 휴대용 전화기 등 통신장비를 사용할 경우
8. 시험의 완료는 작성이 완료된 답안을 저장하고, 답안 전송이 완료된 상태를 확인한 것으로 합니다. 답안 전송 확인 후 문제지는 감독위원에게 제출한 후 퇴실하여야 합니다.
9. 답안전송이 완료된 경우에는 수정 또는 정정이 불가능합니다.
10. 시험시행 후 문제 공개 및 합격자 발표는 홈페이지(www.diat.or.kr)에서 확인하시기 바랍니다.
    1) 문제 및 정답 공개 : 20XX. XX. XX(X)
    2) 합격자 발표 : 20XX. XX. XX(X)

디지털정보활용능력 인터넷정보검색 [시험시간 : 40분]

유의사항

- 답안지 파일에 수검번호, 성명을 정확히 기재하여 주십시오.
- 답안지의 URL란에는 반드시 정답의 내용이 나타나는 웹 페이지의 절대경로를 기재하고, 한 개의 URL만 기재하십시오.
  (만일 프레임구조의 웹 페이지에서 주소 표시줄에 나타나는 URL만으로는 정답이 위치한 하부의 페이지를 찾을 수 없을 경우 정답으로 인정하지 않음)
  ※ 절대경로란? : 해당 웹 페이지에서 마우스 오른쪽 버튼을 클릭한 후 [등록 정보] 또는 [속성] 항목을 선택한 화면에 나타나는 주소(URL)
- 검색엔진의 '웹페이지' 검색에서 [미리보기]에 해당하는 URL을 기재한 경우 오답 처리됩니다.
- 회원가입 및 등업 후 내용 확인이 가능한 포털의 카페, 블로그, 지식검색, 댓글, 소셜 네트워크 등의 URL은 정답으로 인정되지 않습니다.
- 첨부파일에서 답안을 찾은 경우 첨부파일까지의 URL을 정확히 기재하지 않은 경우 오답 처리됩니다.
  (예 : http://www.diat.or.kr/aa.hwp – 정답)

문제1

박근혜 대통령은 (①)년 퍼스트 레이디 대리를 시작으로 2012년 대선에 출마하여 우리나라 제18대 대통령이자 최초의 여성 대통령으로 당선되었다. '박근혜 정부' 출범 후 2013년 4월에는 (②)로/으로 국정비전을 확정하고 기존 5개의 국정목표(일자리 중심의 창조경제, 맞춤형 고용·복지, 창의교육과 문화가 있는 삶, 안전과 통합의 사회, 행복한 통일시대의 기반 구축)를 경제부흥, 국민행복, 문화융성, 평화통일 기반 구축 등 4개의 국정기조로 단순화하였다.

배점 : ① 10점 ② 10점

문제2

1936년 조선일보 신춘문예에 당선되어 소설가 김정한을 정식으로 문단에 등단하게 한 이 소설은 일제강점기의 궁핍한 농민의 모습과 일부 친일파 승려들의 잔혹함을 그린 단편소설이자 대표적인 농민소설이다. 이 소설은 일제강점기 친일 세력 및 보광사 승려들로 이루어진 지주 계층과 이들에게 시달리고 빼앗기며 가난하게 살아가는 소작인들의 이야기를 사실주의적 수법으로 그렸으며, 강도 높은 노동과 척박한 삶의 조건 속에서도 여유와 낙천적인 세계관을 잃지 않는 농민들을 잘 표현하였다. 이 소설의 제목은?

배점 : 10점

디지털정보활용능력

인터넷정보검색 [시험시간 : 40분]

문제3

오뚝이의 원리를 활용한 이 제품은 자동으로 중심을 잡아 몸의 움직임만으로 전진, 후진, 회전 등이 가능하고 브레이크는 따로 없다. 언덕이나 좁은 길에서 유용하며, 특히 넓은 산업 현장에서 이동할 때 편리하게 사용된다. 전기 충전 방식으로 쉽게 에너지를 충전할 수 있지만 오랜 시간 지속하여 탈 수 없고, 무게가 20kg을 훨씬 넘어 휴대하기가 불편하다. 또한 대당 가격이 약 1,300만원이라는 단점도 가지고 있다. 미국 내 유명 인사들이 구입해 이동 수단 및 레저용으로 주로 이용하고 있는 이 제품의 명칭은?

배점 : 10점

문제4

단백질의 일종이기도 한 이 물질은 우리 몸에 바이러스가 침입하게 되면 감염된 세포 주변에서 분비되어 세포를 보호하는 항바이러스 물질이다. 이 물질은 바이러스에 감염된 세포에 작용하여 세포 속에서 바이러스가 증식하지 못하도록 하고 바이러스의 침입을 받지 않는 세포들의 표면에 붙어 세포들을 보호한다. 1957년 영국 국립의학연구소의 아이작스 등에 의해 처음 알려졌으며 주로 B형 간염, C형 간염, 헤르페스 등의 바이러스성 질병 치료 및 암 치료 및 예방 등에 대한 연구도 활발히 진행되고 있다. 이 물질의 명칭은?

배점 : 10점

문제5

미국의 군인이자 정치가인 이 사람은 걸프전의 영웅으로 '조심스런 전사' 라는 별명을 가지고 있다. 국가안보보좌관을 거쳐 흑인으로서는 미국 역사상 최초로 1989년 합참의장에 임명되어 레이건, 부시, 클린턴 등 3명의 대통령을 보좌하였고, 미국 역사상 흑인 최초로 국무장관에 지명되기도 하였다. '시련은 나를 강하게 한다' 라는 좌우명을 가진 이 사람은 온건하고 명예를 존중하며 당파에 연연하지 않아 미국인들에게 가장 존경받는 군인으로 알려져 있다. 이 사람의 이름은?

배점 : 10점

디지털정보활용능력 — 인터넷정보검색 [시험시간 : 40분]

문제6

이곳은 고려시대의 국립대학으로 국가에서 필요한 인재를 양성하기 위해 유학과 기술학 등을 교육하였던 최고의 교육기관이었다. 고려의 왕들은 이곳의 교육을 매우 중요하게 여겼으며, 1109년에는 교과 과정을 체계화하기 위해 이곳 안에 7개의 전문강좌인 7재를 설치하기도 하였다. 이곳의 명칭은 1275년 원나라의 간섭으로 국학으로 개칭되었다가 1298년에는 충선왕이 성균감으로 변경하였고, 1308년에는 성균관이라 개칭하였다. 그 후 몇 차례 명칭이 변경되었다가 성균관이라는 명칭이 조선시대로 이어지게 되었다. 이곳의 명칭은?

배점 : 10점

문제7

(①)은/는 국가적 사업을 수행하기 위해 자본금 전액을 국가가 출자하여 특별법으로 설립한 공공 기업체를 말한다. 1930년대에 처음 생겼으며 예산 및 결산은 정부의 예산 및 결산에 준하고 공과금은 면제받는다. (①) 중 하나인 (②)은/는 1974년 6월 전기로 인한 재해 및 재난을 예방하기 위하여 설립된 정부 산하기관으로 서울 강동구 명일동에 위치하고 있으며 주요 사업 분야로는 자가용 전기설비 검사, 특별 안전점검 및 응급조치, 전기안전관리대행 등이다.

배점 : ① 10점   ② 10점

문제8

자신에게 맡겨진 일만 간신히 하며 주위를 도우려하지 않거나 조금이라도 힘든 상황이 발생하면 회사를 그만두고 사업을 하겠다는 허황된 계획만 늘어놓고 결국 아무런 행동도 하지 못하는 직장인들을 쉽게 찾아 볼 수 있다. 이렇듯 이 용어는 일을 함에 있어 말만 앞세우며 행동으로 옮기지 않는 직장인들을 일컫는 신조어로, 직장에서의 스트레스를 풀거나 경쟁관계에 있는 동료를 경계하고 자신을 돋보이게 하고 싶은 자기과시욕을 가진 직장인을 빗대어 말한다. 2000년대 중반에 처음 등장한 이 용어는 무엇인가?

배점 : 10점

최신기출문제
[DIAT; Digital Information Ability Test]

- 시험과목 : 인터넷정보검색
- 시험일자 : 20XX. XX. XX(X)
- 수검자 기재사항 및 감독자 확인

수 검 번 호	DII - XXXX -	감독관 확인
성 명		

수검자 유의사항

1. 수검자는 신분증을 지참하여야 시험에 응시할 수 있으며, 미지참 시 퇴실 조치합니다.
2. 시스템(PC작동여부, 네트워크 상태 등)의 이상여부를 반드시 확인하여야 하며, 시스템 이상이 있을시 감독관에게 조치를 받으셔야 합니다.
3. 시험 중 시스템 오류 또는 시스템 다운 증상에 대해서는 수험자 본인에게 책임이 있습니다.
4. 시험 중 부주의 또는 고의로 시스템을 파손한 경우는 수검자 부담으로 합니다.
5. 답안 전송 프로그램을 통하여 자동으로 다운로드 받은 파일을 이용하여 답안파일을 작성하시기 바랍니다.
6. 작성한 답안 파일은 답안 전송 프로그램을 통하여 자동으로 전송됩니다. 감독위원의 지시에 따라 주시기 바랍니다.
7. 다음사항의 경우 실격(0점) 혹은 부정행위 처리됩니다.
   1) 답안을 저장하지 않았거나, 저장한 파일이 손상되었을 경우
   2) 답안파일을 다른 보조 기억장치(디스켓, USB) 혹은 네트워크(메신저, 게시판 등)로 전송할 경우
   3) 휴대용 전화기 등 통신장비를 사용할 경우
8. 시험의 완료는 작성이 완료된 답안을 저장하고, 답안 전송이 완료된 상태를 확인한 것으로 합니다. 답안 전송 확인 후 문제지는 감독위원에게 제출한 후 퇴실하여야 합니다.
9. 답안전송이 완료된 경우에는 수정 또는 정정이 불가능합니다.
10. 시험시행 후 문제 공개 및 합격자 발표는 홈페이지(www.diat.or.kr)에서 확인하시기 바랍니다.
    1) 문제 및 정답 공개 : 20XX. XX. XX(X)
    2) 합격자 발표 : 20XX. XX. XX(X)

디지털정보활용능력 — 인터넷정보검색 [시험시간 : 40분]

유의사항

- 답안지 파일에 수검번호, 성명을 정확히 기재하여 주십시오.
- 답안지의 URL란에는 반드시 정답의 내용이 나타나는 웹 페이지의 절대경로를 기재하고, 한 개의 URL만 기재 하십시오.
  (만일 프레임구조의 웹 페이지에서 주소 표시줄에 나타나는 URL만으로는 정답이 위치한 하부의 페이지를 찾을 수 없을 경우 정답으로 인정하지 않음)
  ※ 절대경로란? : 해당 웹 페이지에서 마우스 오른쪽 버튼을 클릭한 후 [등록 정보] 또는 [속성] 항목을 선택한 화면에 나타나는 주소(URL)
- 검색엔진의 '웹페이지' 검색에서 [미리보기]에 해당하는 URL을 기재한 경우 오답 처리됩니다.
- 회원가입 및 등업 후 내용 확인이 가능한 포털의 카페, 블로그, 지식검색, 댓글, 소셜 네트워크 등의 URL은 정답으로 인정되지 않습니다.
- 첨부파일에서 답안을 찾은 경우 첨부파일까지의 URL을 정확히 기재하지 않은 경우 오답 처리됩니다.
  (예 : http://www.diat.or.kr/aa.hwp – 정답)

문제1

독일의 작가 (①)이/가 1959년에 발표한 장편소설인 (②)은/는 나치스 치하에서 태어나고 성장한 독일의 전후세대를 대변하는 소설로 찬사를 받고 있으며, 소설 속에서는 오스카라는 난쟁이를 통하여 전후시대의 삶을 그려내고 있다. 특히 세계대전 이후 독일 문학계에서 큰 주목을 받았던 (①)은/는 시집, 희곡, 소설 등의 분야에서 작품 활동을 하였으며, 직설적으로 시대를 비평하는 것이 대표적인 특징이라 할 수 있다. 1999년에는 (②)로/으로 노벨문학상을 수상하기도 하였다.

배점 : ① 10점　② 10점

문제2

이 합성 기법은 각각 촬영된 배경이나 인물 등의 두 가지 화상 화면을 하나의 화상 화면으로 만들어내는 것으로 일기 예보, 역사 스페셜, 영화 제작, 선거 방송 등의 분야에 널리 활용되고 있다. 이 합성 기법은 촬영 대상이 되는 사람이나 물체의 배경을 사람의 피부색과 다른 특정한 색(파랑이나 녹색 등)을 이용해 제작한 후 다른 영상과 합성할 때 배경에 있던 색상을 제거하여 두 가지 화상 화면이 마치 하나로 촬영된 화상 화면처럼 보이도록 한다. 이 합성 기법의 명칭은?

배점 : 10점

디지털정보활용능력 — 인터넷정보검색 [시험시간 : 40분]

문제3

1990년대 일본에서 처음 등장한 이 용어는 부모와 조부모들이 아이들을 위해서라면 돈의 지출을 아끼지 않는 현상을 가리키는 말이다. 현대사회가 저출산 및 고령화 시대로 접어들면서 한 가구의 자녀수는 줄어든 반면 경제력을 갖춘 조부모들은 상대적으로 늘어나 경기가 나빠져도 아이들을 위한 소비가 줄어들지 않는 현상을 빗대어 표현한 말로 알려져 있다. 우리나라에서도 이런 현상이 심화되고 있으며 이로 인해 아이들을 위한 각종 산업도 급성장을 거듭 하고 있다. 이것의 용어는?

배점 : 10점

문제4

이 대회는 야구 선수들이 자신의 조국을 대표해 참가하는 가장 큰 규모의 국제야구대회이다. 2006년 3월 처음으로 대회가 개최되었고, 이 대회에서 우리나라는 세계 야구 강호들을 물리치며 4강에 진출하였다. 또한 2009년에 개최된 제2회 대회에서는 결승에 진출하여 준우승이라는 성과를 내기도 하였다. 하지만 2013년 3월 진행된 제3회 대회에서는 주축 선수들의 부상과 메이저리그 소속 선수들의 불참으로 전력이 약화되어 2승 1패라는 좋은 성적에도 불구하고 본선에 진출하지 못하였다. 이 대회의 명칭은?

배점 : 10점

문제5

이것은 식물과 동물의 중간에 위치한 원생동물로, 체내에 엽록소를 가지고 광합성을 하는 식물적 특징과 세포벽이 없으며 자유롭게 움직이는 동물적 특징을 모두 보여주고 있어 원생동물의 편모충류로 취급되기도 한다. 약 150종이 있는 것으로 알려져 있으며 몸길이는 15~530마이크로미터이다. 몸체는 원뿔모양이지만 변형이 자유롭다. 작은 연못이나 도랑에서 흔히 볼 수 있으며 맑은 물보다 흐린 물을 좋아한다. 몸의 앞부분은 길고 둥근 플라스크 모양으로 오므라진 세포구가 있으며 1개의 편모가 나 있다. 이것은 무엇인가?

배점 : 10점

디지털정보활용능력 — 인터넷정보검색 [시험시간 : 40분]

문제6

이 제도는 원래 미국에서 시행하던 것으로, 우리나라에서는 2008학년도 입시에서 서울대 등이 시범 도입한 것을 시작으로 2009학년도 입시 때에는 고려대, 한양대, 성균관대, 경희대 등으로 확대 실시되었다. 이 제도는 대학에서 입학 업무만 담당하는 전문 인력을 채용하여 학생의 수능, 내신 등 계량적인 성적뿐만 아니라 경험과 잠재력 등을 종합적으로 평가해 합격 여부를 결정하는 제도이다. 입시 위주의 획일적인 대입 문화를 바꾸고자 도입되었으나 많은 부작용이 발생하여 점검이 필요하다는 목소리가 높아지고 있다. 이 제도의 명칭은?

배점 : 10점

문제7

3·1운동은 일제 식민 통치를 거부하고 자주 독립을 향한 우리 민족의 굳은 의지를 보여준 최대 규모의 민족운동이자 항일독립운동으로, 대한민국 정부가 수립된 이후 이러한 순국선열들의 독립 정신을 기념하기 위하여 (①)년에 3.1절을 국경일로 지정하였다. 국경일이란 나라의 경사스러운 날을 기념하기 위해 법률로써 지정한 날을 말하며, 우리나라는 3.1절, (②), 제헌절, 광복절, 개천절을 국경일로 지정하고 있다. (②)은/는 광복이후 양력 10월 9일로 확정되었으며 2006년부터 국경일로 지정되었다.

배점 : ① 10점   ② 10점

문제8

한류성 어종이며 등푸른 생선의 한 종류인 이것은 몸의 등쪽은 암청색이고 배쪽은 은백색이다. 몸길이는 35cm 정도이며, 늘씬하고 옆으로 납작한 것이 특징이다. 한류가 흐르는 연안에서 무리를 지어 서식하는 냉수성 어종으로 수온이 2~10℃인 저층 냉수대에서 서식한다. 조선 초기에는 모든 연안에서 어획되었으나 자연적 변화에 인해 현재는 경상도 동북연안에서만 잡히고 있다. 조선 시대 어휘집인 재물보에는 '누어'라고 기록되어 있다. 이것의 명칭은 몸 등쪽의 빛깔이 청색을 띠고 있어 붙여진 이름이다. 이것의 명칭은?

배점 : 10점

최신기출문제

[DIAT; Digital Information Ability Test]

- 시험과목 : 인터넷정보검색
- 시험일자 : 20XX. XX. XX(X)
- 수검자 기재사항 및 감독자 확인

수 검 번 호	DII - XXXX -	감독관 확인
성 명		

수검자 유의사항

1. 수검자는 신분증을 지참하여야 시험에 응시할 수 있으며, 미지참 시 퇴실 조치합니다.

2. 시스템(PC작동여부, 네트워크 상태 등)의 이상여부를 반드시 확인하여야 하며, 시스템 이상이 있을시 감독관에게 조치를 받으셔야 합니다.

3. 시험 중 시스템 오류 또는 시스템 다운 증상에 대해서는 수험자 본인에게 책임이 있습니다.

4. 시험 중 부주의 또는 고의로 시스템을 파손한 경우는 수검자 부담으로 합니다.

5. 답안 전송 프로그램을 통하여 자동으로 다운로드 받은 파일을 이용하여 답안파일을 작성하시기 바랍니다.

6. 작성한 답안 파일은 답안 전송 프로그램을 통하여 자동으로 전송됩니다. 감독위원의 지시에 따라 주시기 바랍니다.

7. 다음사항의 경우 실격(0점) 혹은 부정행위 처리됩니다.
   1) 답안을 저장하지 않았거나, 저장한 파일이 손상되었을 경우
   2) 답안파일을 다른 보조 기억장치(디스켓, USB) 혹은 네트워크(메신저, 게시판 등)로 전송할 경우
   3) 휴대용 전화기 등 통신장비를 사용할 경우

8. 시험의 완료는 작성이 완료된 답안을 저장하고, 답안 전송이 완료된 상태를 확인한 것으로 합니다. 답안 전송 확인 후 문제지는 감독위원에게 제출한 후 퇴실하여야 합니다.

9. 답안전송이 완료된 경우에는 수정 또는 정정이 불가능합니다.

10. 시험시행 후 문제 공개 및 합격자 발표는 홈페이지(www.diat.or.kr)에서 확인하시기 바랍니다.
    1) 문제 및 정답 공개 : 20XX. XX. XX(X)
    2) 합격자 발표 : 20XX. XX. XX(X)

디지털정보활용능력

인터넷정보검색 [시험시간 : 40분]

유의사항

- 답안지 파일에 수검번호, 성명을 정확히 기재하여 주십시오.
- 답안지의 URL란에는 반드시 정답의 내용이 나타나는 웹 페이지의 절대경로를 기재하고, 한 개의 URL만 기재하십시오.
  (만일 프레임구조의 웹 페이지에서 주소 표시줄에 나타나는 URL만으로는 정답이 위치한 하부의 페이지를 찾을 수 없을 경우 정답으로 인정하지 않음)
  ※ 절대경로란? : 해당 웹 페이지에서 마우스 오른쪽 버튼을 클릭한 후 [등록 정보] 또는 [속성] 항목을 선택한 화면에 나타나는 주소(URL)
- 검색엔진의 '웹페이지' 검색에서 [미리보기]에 해당하는 URL을 기재한 경우 오답 처리됩니다.
- 회원가입 및 등업 후 내용 확인이 가능한 포털의 카페, 블로그, 지식검색, 댓글, 소셜 네트워크 등의 URL은 정답으로 인정되지 않습니다.
- 첨부파일에서 답안을 찾은 경우 첨부파일까지의 URL을 정확히 기재하지 않은 경우 오답 처리됩니다.
  (예 : http://www.diat.or.kr/aa.hwp - 정답)

문제1

(①)은/는 자기장을 발생하는 커다란 장치를 이용하여 사람의 신체부위의 수소원자핵을 공명시킨 후 각 신체 조직에서 나오는 신호를 디지털 정보로 변환하여 영상화하는 기술을 말한다. 인체의 단면상을 보여준다는 점에서 (①)와/과 (②)은/는 공통점을 지니고 있으나 (②)이/가 X선을 이용해 인체의 횡단면 위주의 영상을 얻는다면 (①)은/는 자기장 내에서 고주파를 전사하여 영상을 얻으며, 자세 변화 없이 원하는 방향(횡축 방향, 세로축 방향, 사선 방향 등)에 따라 영상화할 수 있다.

배점 : ① 10점   ② 10점

문제2

이것은 발렌타인데이, 화이트데이, 블랙데이, 빼빼로데이, 삼겹살데이 등 각종 기념일을 이용하여 수요를 창출하는 새로운 마케팅 기법을 말한다. 1990년대부터 유행하기 시작한 이것은 기업의 다양하고 이색적인 이벤트를 통하여 자사 상품을 적극적으로 홍보하고, 이에 따른 매출 성장도 기대할 수 있는 하나의 마케팅 수단으로 널리 활용되고 있다. 일부 상품들은 이것을 통하여 상당량의 매출을 올리기도 하지만 기업의 지나친 상술에 의해 억지로 만들어진 날을 악용한다는 비난의 목소리가 높다. 이것의 용어는?

배점 : 10점

디지털정보활용능력 — 인터넷정보검색 [시험시간 : 40분]

문제3

이것은 국민을 대신하여 공공조직의 행정권을 견제할 목적으로 1809년 스웨덴에서 처음 창안된 제도이다. 시민이 제소한 사안에 대해 입법부에서 임명한 감찰관이 독자적으로 조사하여 잘못된 행정에 대해 관련자에게 설명을 요구하고 필요한 사항을 민원인에게 알려주는 등의 업무를 처리한다. 우리나라는 학계를 중심으로 이 제도가 거론되어 행정쇄신위원회의 제안에 따라 1993년부터 도입하였으나 아직 그 목적에 맞는 기능을 제대로 수행하지 못하는 것으로 평가되고 있다. 이 제도의 명칭은?

배점 : 10점

문제4

이것은 어떤 특정 주파수를 이용하여 사람의 뇌파를 자극하는 음원 파일을 말한다. 수면장애를 조절하거나 우울증 등 정신과 치료에 도움이 되기도 하지만 일부 파일은 마약과 같은 중독 증상 등의 부작용이 발생할 가능성도 높은 것으로 알려져 있다. 전문가들은 이 음원 파일의 효능은 아직 과학적으로 검증되지 않았으며 중독 등 각종 유해성에 대하여 우려의 목소리를 제기하고 있다. 우리나라에서도 2009년에 인터넷을 통하여 급격히 확산되어 큰 사회적 이슈가 되기도 하였다. 이 음원 파일을 가리키는 명칭은?

배점 : 10점

문제5

이 바이러스는 달이 태양을 가리는 현상인 개기일식 때 그 둘레에서 하얗게 빛을 발산하는 현상과 생김새가 비슷하다. 그 동안 사람에게는 거의 감염되지 않고 동물(개, 돼지 등)에 주로 감염되는 바이러스로 인식되어 왔다. 혹시 감염되더라도 가벼운 감기나 설사 증상만을 일으켜 그 위험성이 높지 않다는 것이 일반적인 평가였다. 하지만 2003년 3월 3,000여 명의 환자와 100명 이상의 사망자를 발생시킨 사스(SARS)의 원인균으로 알려지면서 그 존재가 새롭게 주목받기 시작하였다. 이 바이러스의 명칭은?

배점 : 10점

디지털정보활용능력 — 인터넷정보검색 [시험시간 : 40분]

문제6

이것은 국가나 민족에 구애받지 않고 이를 초월함으로써 인류 전체를 하나의 시민으로 생각하고 전 세계를 하나의 세계국가로 보며, 개인을 세계사회의 일원으로 파악하는 사상이다. 또한 이 사상은 개인이 속한 국가나 민족의 특유한 가치, 편견 등을 초월하여 하나의 세계국가와 세계시민을 적극적인 원리로 구성하는 사상이라 할 수 있으며, BC 4세기 그리스의 시노페의 디오게네스의 행동과 스토아 철학에서 연유된 것으로 알려져 있다. 이 사상의 명칭은?

배점 : 10점

문제7

(①)은/는 전통적인 방식으로 기업 내부조직을 통하여 기획에서부터 판매까지의 모든 과정을 총괄적으로 제공하고 조달하는 경제활동 방식을 말한다. (②)은/는 (①)와/과 반대되는 개념으로, 기업 업무 프로세스 중 일부를 경영 효과 및 효율의 극대화를 위해 제3자에게 위탁하여 처리하는 경제활동 방식을 말한다. (②)은/는 한정된 자원을 가진 기업이 핵심역량을 갖춘 분야에 내부조직을 집중시키고, 나머지 활동은 외부의 전문 업체에 위탁하여 처리함으로써 경제 효과를 극대화하기 위한 전략이라 할 수 있다.

배점 : ① 10점　　　② 10점

문제8

이것은 전기 신호에 따라 스스로 빛을 발광하는 현상을 이용하여 영상정보를 표시하는 디스플레이 소자로 액정, 컬러필터 등이 없는 얇은 박막형 디스플레이의 구현이 가능하다. 이것은 높은 색재현성과 명암비, 작은 픽셀 사이즈와 빠른 응답 속도 등의 장점을 가지고 있어 TV, 휴대전화, 디지털카메라 등과 같은 기기의 디스플레이에 주로 이용하고 있다. 기판 재질로 필름을 이용하면 휜 상태로 들고 다닐 수 있어 미래형 디스플레이 장치로 각광을 받고 있으나 높은 가격이 단점으로 지적된다. 이것의 명칭은?

배점 : 10점

제09회 최신기출문제
[DIAT; Digital Information Ability Test]

- 시험과목 : 인터넷정보검색
- 시험일자 : 20XX. XX. XX(X)
- 수검자 기재사항 및 감독자 확인

수 검 번 호	DII - XXXX -	감독관 확인
성 명		

수검자 유의사항

1. 수검자는 신분증을 지참하여야 시험에 응시할 수 있으며, 미지참 시 퇴실 조치합니다.
2. 시스템(PC작동여부, 네트워크 상태 등)의 이상여부를 반드시 확인하여야 하며, 시스템 이상이 있을시 감독관에게 조치를 받으셔야 합니다.
3. 시험 중 시스템 오류 또는 시스템 다운 증상에 대해서는 수험자 본인에게 책임이 있습니다.
4. 시험 중 부주의 또는 고의로 시스템을 파손한 경우는 수검자 부담으로 합니다.
5. 답안 전송 프로그램을 통하여 자동으로 다운로드 받은 파일을 이용하여 답안파일을 작성하시기 바랍니다.
6. 작성한 답안 파일은 답안 전송 프로그램을 통하여 자동으로 전송됩니다. 감독위원의 지시에 따라 주시기 바랍니다.
7. 다음사항의 경우 실격(0점) 혹은 부정행위 처리됩니다.
   1) 답안을 저장하지 않았거나, 저장한 파일이 손상되었을 경우
   2) 답안파일을 다른 보조 기억장치(디스켓, USB) 혹은 네트워크(메신저, 게시판 등)로 전송할 경우
   3) 휴대용 전화기 등 통신장비를 사용할 경우
8. 시험의 완료는 작성이 완료된 답안을 저장하고, 답안 전송이 완료된 상태를 확인한 것으로 합니다. 답안 전송 확인 후 문제지는 감독위원에게 제출한 후 퇴실하여야 합니다.
9. 답안전송이 완료된 경우에는 수정 또는 정정이 불가능합니다.
10. 시험시행 후 문제 공개 및 합격자 발표는 홈페이지(www.diat.or.kr)에서 확인하시기 바랍니다.
    1) 문제 및 정답 공개 : 20XX. XX. XX(X)
    2) 합격자 발표 : 20XX. XX. XX(X)

디지털정보활용능력

인터넷정보검색 [시험시간 : 40분]

유의사항

- 답안지 파일에 수검번호, 성명을 정확히 기재하여 주십시오.
- 답안지의 URL란에는 반드시 정답의 내용이 나타나는 웹 페이지의 절대경로를 기재하고, 한 개의 URL만 기재하십시오.
  (만일 프레임구조의 웹 페이지에서 주소 표시줄에 나타나는 URL만으로는 정답이 위치한 하부의 페이지를 찾을 수 없을 경우 정답으로 인정하지 않음)
  ※ 절대경로란? : 해당 웹 페이지에서 마우스 오른쪽 버튼을 클릭한 후 [등록 정보] 또는 [속성] 항목을 선택한 화면에 나타나는 주소(URL)
- 검색엔진의 '웹페이지' 검색에서 [미리보기]에 해당하는 URL을 기재한 경우 오답 처리됩니다.
- 회원가입 및 등업 후 내용 확인이 가능한 포털의 카페, 블로그, 지식검색, 댓글, 소셜 네트워크 등의 URL은 정답으로 인정되지 않습니다.
- 첨부파일에서 답안을 찾은 경우 첨부파일까지의 URL을 정확히 기재하지 않은 경우 오답 처리됩니다.
  (예 : http://www.diat.or.kr/aa.hwp - 정답)

문제1

러시아 유대인 태생으로 프랑스에 망명한 (①)은/는 색채의 마술사로 불릴 정도로 20세기 가장 뛰어난 색채화가로 알려져 있으며, 인간의 꿈과 그리움, 환희와 슬픔, 사랑과 낭만 등을 화려한 색채로 표현한 화가이다. (①)의 작품 (②)은/는 화가들의 단골 주제이기도 한 그리스 신화 이야기에 기초한 것으로 1974~1977년에 제작되었으며 평온한 마을을 배경으로 밀랍을 녹여 붙인 날개가 떨어져 한 남자가 추락하는 장면을 담고 있다. (②)은/는 프랑스 파리의 조르주 퐁피두센터에서 소장되어 있다.

배점 : ① 10점　　　　② 10점

문제2

이 물고기는 4억년 전에 존재하다가 약 5천만년 전에 멸종한 것으로 알려졌으나 1938년 남아프리카의 마다가스카르 근해에서 포획되어 전 세계적으로 큰 화제가 되었다. '살아 있는 화석', '환상의 물고기' 등으로 평가받고 있는 이 물고기는 무려 100년 이상을 생존하는 것으로 추정되고 있다. 2013년 미국의 매사추세츠공과대학교와 스웨덴의 웁살라 대학 연구진은 이 물고기의 모든 유전 정보인 '게놈' 해독을 통해 폐어류가 사지동물의 유전자와 가깝다는 놀라운 연구 결과를 밝히기도 하였다. 이 물고기의 명칭은?

배점 : 10점

디지털정보활용능력 인터넷정보검색 [시험시간 : 40분]

문제3

'이야기하다' 라는 의미의 이 용어는 상대방에게 음성과 행동 등을 통해 알리고자 하는 내용을 재미있고 설득력 있게 전달하는 행위를 말한다. 이것을 학교의 교육과정에 도입하고 학생에게 다양한 체험활동을 제공하여 창의성과 논리적 사고력까지 갖출 수 있도록 하고 있으며, 일상생활 및 대인관계 등에서도 유익하고 설득력 있는 수단으로 이용되고 있다. 최근에는 영화, 애니메이션, 게임, 광고 및 현대 조직 사회의 효과적인 소통 방법으로 활용되며 2006년 강원대학교에 관련학과가 신설되기도 하였다. 이것의 용어는?

배점 : 10점

문제4

정상인과는 다르게 심장 박동이 빨라지거나 늦어지는 등 불규칙적인 상태를 말하는 것으로 경미한 흉통, 가슴 두근거림, 호흡곤란, 현기증 등의 증상이 나타나며, 심한 경우에는 실신, 심장마비 돌연사 등을 야기할 수 있는 심장 질환이다. 유발 요인으로는 선천적인 심장 이상, 고혈압, 흡연, 고령, 음주, 스트레스 등이 있으며, 특히 날씨가 추워지면 혈관이 수축되어 심혈관계 질환의 발병률이 증가하는 것으로 알려져 있다. 이 증상은 심전도 검사나 심초음파 검사를 통해 확인할 수 있다. 이것의 용어는?

배점 : 10점

문제5

열대 동태평양 지역에서 유일하게 습지와 열대우림이 있는 이곳은 코스타리카의 태평양 해안에서 550km 떨어진 곳에 위치하고 있는 화산섬으로, 대부분 현무암으로 이루어져 있으며 험하고 기복이 심한 표면이 특징이다. 1978년에 국립공원으로 지정되었으며, 1997년에는 유네스코 세계유산의 자연공원 목록에 등록되었다. 천혜의 자연경관을 가진 코스타리카 공화국의 자랑이며 면적은 제주도 20분의 1크기의 작은 섬이다. 소설 '보물섬'의 실제 배경으로 알려져 있는 이곳의 명칭은?

배점 : 10점

디지털정보활용능력 — 인터넷정보검색 [시험시간 : 40분]

문제6

프랑스 출신의 이 소설가는 1991년 개미에 대한 해박한 지식을 바탕으로 독특하고 기발한 소재의 장편소설을 출간하여 데뷔하였으며, 이 소설을 통해 전 세계 독자들에게 천재 작가로 불리기 시작하였다. 또한 그는 광대한 우주로 눈을 돌려 천사들의 관점을 통해 절대의 높이에서 인간을 관찰하는 소설을 발표하면서 과학지식도 해박함을 증명하였다. 2008년에는 집필 기간이 무려 9년에 달하는 소설 '신'을 출간하였으며, 그의 작품들은 여러 나라의 언어로 번역되어 절찬리에 판매되고 있다. 이 소설가의 이름은?

배점 : 10점

문제7

(①)은/는 수량증대, 품질향상 또는 유통과 가공의 편의를 위해 생물의 유전자를 인위적으로 분리 및 결합하여 강한 성질의 유용한 유전자만을 모아서 새로운 품종을 만드는 것을 말한다. 1994년 미국의 칼젠사가 개발하고 미국식품의약청의 승인을 받은 상품 (②)이/가 (①)을/를 적용한 최초의 상업적인 목적의 농산품이다. 우리나라에서는 소비자에게 올바른 구매정보를 제공하기 위해 농수산물품질관리법에 근거하여 (①) 표시제를 시행하고 있으며 안전성이 입증된 농산물만 수입 및 유통이 가능하다.

배점 : ① 10점　　　　② 10점

문제8

이 발전소는 국내 최초로 건설된 대용량 유연탄 전소 발전소로, 현재 8호기까지 완공되어 있으며 단일 화력발전소로는 국내 최대 전력을 생산하여 우리나라 에너지 구조 개선에 크게 기여하고 있다. 2009년에는 발전소에 필요한 물을 운반하는 수로를 활용한 7.5MW급 소수력발전소까지 준공하여 화력발전과 더불어 신재생에너지 발전설비까지 갖춘 종합발전단지라 할 수 있다. 또한 2010년에는 무려 4,000일 장기무고장운전을 달성할 정도의 최고의 안정성과 운영 노하우를 보유하고 있다. 이 발전소의 명칭은?

배점 : 10점

최신기출문제

[DIAT; Digital Information Ability Test]

- 시험과목 : 인터넷정보검색
- 시험일자 : 20XX. XX. XX(X)
- 수검자 기재사항 및 감독자 확인

수 검 번 호	DII - XXXX -	감독관 확인
성 명		

수검자 유의사항

1. 수검자는 신분증을 지참하여야 시험에 응시할 수 있으며, 미지참 시 퇴실 조치합니다.
2. 시스템(PC작동여부, 네트워크 상태 등)의 이상여부를 반드시 확인하여야 하며, 시스템 이상이 있을시 감독관에게 조치를 받으셔야 합니다.
3. 시험 중 시스템 오류 또는 시스템 다운 증상에 대해서는 수험자 본인에게 책임이 있습니다.
4. 시험 중 부주의 또는 고의로 시스템을 파손한 경우는 수검자 부담으로 합니다.
5. 답안 전송 프로그램을 통하여 자동으로 다운로드 받은 파일을 이용하여 답안파일을 작성하시기 바랍니다.
6. 작성한 답안 파일은 답안 전송 프로그램을 통하여 자동으로 전송됩니다. 감독위원의 지시에 따라 주시기 바랍니다.
7. 다음사항의 경우 실격(0점) 혹은 부정행위 처리됩니다.
   1) 답안을 저장하지 않았거나, 저장한 파일이 손상되었을 경우
   2) 답안파일을 다른 보조 기억장치(디스켓, USB) 혹은 네트워크(메신저, 게시판 등)로 전송할 경우
   3) 휴대용 전화기 등 통신장비를 사용할 경우
8. 시험의 완료는 작성이 완료된 답안을 저장하고, 답안 전송이 완료된 상태를 확인한 것으로 합니다. 답안 전송 확인 후 문제지는 감독위원에게 제출한 후 퇴실하여야 합니다.
9. 답안전송이 완료된 경우에는 수정 또는 정정이 불가능합니다.
10. 시험시행 후 문제 공개 및 합격자 발표는 홈페이지(www.diat.or.kr)에서 확인하시기 바랍니다.
    1) 문제 및 정답 공개 : 20XX. XX. XX(X)
    2) 합격자 발표 : 20XX. XX. XX(X)

디지털정보활용능력 — 인터넷정보검색 [시험시간 : 40분]

유의사항

- 답안지 파일에 수검번호, 성명을 정확히 기재하여 주십시오.
- 답안지의 URL란에는 반드시 정답의 내용이 나타나는 웹 페이지의 절대경로를 기재하고, 한 개의 URL만 기재하십시오.
  (만일 프레임구조의 웹 페이지에서 주소 표시줄에 나타나는 URL만으로는 정답이 위치한 하부의 페이지를 찾을 수 없을 경우 정답으로 인정하지 않음)
  ※ 절대경로란? : 해당 웹 페이지에서 마우스 오른쪽 버튼을 클릭한 후 [등록 정보] 또는 [속성] 항목을 선택한 화면에 나타나는 주소(URL)
- 검색엔진의 '웹페이지' 검색에서 [미리보기]에 해당하는 URL을 기재한 경우 오답 처리됩니다.
- 회원가입 및 등업 후 내용 확인이 가능한 포털의 카페, 블로그, 지식검색, 댓글, 소셜 네트워크 등의 URL은 정답으로 인정되지 않습니다.
- 첨부파일에서 답안을 찾은 경우 첨부파일까지의 URL을 정확히 기재하지 않은 경우 오답 처리됩니다.
  (예 : http://www.diat.or.kr/aa.hwp - 정답)

문제1

(①)은/는 방송, 통신, 인터넷 인프라를 인간과 사물 또는 사물과 사물 간의 영역까지 확대하여 지능적으로 데이터를 처리하고 상호 전달하는 서비스를 말한다. 우리나라는 기업의 글로벌 시장 경쟁력 확보와 산업 활성화를 목표로 설립한 (①) 종합지원센터를 통하여 관련 기업에게 (②), 원격검침, U-헬스케어 3종 서비스 패키지를 센서 영역으로부터 어플리케이션까지 개발할 수 있도록 지원하고 있다. (②)은/는 이동통신망이나 위성항법장치를 통해 확보한 위치정보를 바탕으로 다양한 콘텐츠 등을 제공하는 것을 말한다.

배점 : ① 10점   ② 10점

문제2

이것은 디지털 환경에서 만들어지는 방대한 자료를 말하는 것으로, 아날로그 환경에 비해 규모가 크며 생성주기도 짧고 수치뿐만 아니라 문자, 영상, 위치 등을 포함한다. 또한 지식정보사회에 혁신과 생산성 향상을 위한 중요한 원천으로 간주되고 있으며 크게 3V로 불리는 크기(Volume), 다양성(Variety), 속도(Velocity)가 이것의 가장 큰 특징이다. 구글의 자동 번역 시스템은 이것의 중요성을 확인시켜준 결정적 사례로 손꼽히고 있다. 이것의 용어는?

배점 : 10점

디지털정보활용능력 — 인터넷정보검색 [시험시간 : 40분]

문제3

이것은 미술관이나 박물관에서 작품을 수집하거나 관리하고 전시회를 기획하는 사람을 뜻하는 용어에서 유래된 신조어로, 소셜 네트워크상에 존재하고 있는 다양한 정보 중에서 개인의 관점에 따라 원하는 정보를 분류하고 유용한 정보만을 골라내어 배포하는 것을 말한다. 이것은 정보 생산의 주체가 일반 대중으로 확대되고 정보 유통의 채널도 다양해지면서 새로운 가치 기준을 보충하려는 욕구에 따라 등장하였다. 이것의 대표적인 서비스로는 핀터레스트와 팬시, 플립보드 등이 있다. 이것의 용어는?

배점 : 10점

문제4

이것은 특정 분야에서 위대한 업적을 남겨 지속적인 존경을 받는 사람을 기념하기 위해 설립된 기념관, 단체 또는 모임을 말한다. 주로 미국에 많이 설립되어 있으며, 우리나라를 비롯한 일본 등 각국으로 확산되고 있는 추세이다. 이것은 야구, 농구, 축구, 골프 등 스포츠 분야에 많이 설립되어 있으며 음악, 과학, 산업 등의 분야에서도 운영되고 있다. 2007년에는 우리나라의 박세리 선수가 미국여자프로골프 분야에서 역대 최연소이자 아시아인으로는 최초의 기록으로 이것에 가입하였다. 이것의 용어는?

배점 : 10점

문제5

이 사람은 미국 메이저리그 선수로, 1947년 브루클린 다저스에 입단하자마자 타율 0.297, 도루 29개 등의 뛰어난 활약으로 내셔널리그 신인왕을 차지하였으며, 1949년에는 내셔널리그 타격왕과 최우수선수로 선정되기도 하였다. 그는 데뷔 초기부터 흑인이라는 이유로 극심한 인종차별을 겪었으나 이에 적극적으로 저항하여 인종차별 위헌결정과 민권법 제정에 크게 공헌하였다. 은퇴 후에도 흑인들의 인권신장 운동에 매진하는 등 왕성한 활동을 하였으며 영화 '42'의 실제 주인공이기도 한 이 사람은 누구인가?

배점 : 10점

디지털정보활용능력　　인터넷정보검색 [시험시간 : 40분]

문제6

이것은 현존하는 금속 활자를 이용한 가장 오래된 인쇄물이며, 한 스님이 선불교에서 전해져 내려오는 여러 이야기를 모아 만든 책이다. 현재 하권만 프랑스 파리에 있는 국립 도서관 문헌실에 보관되어 있으며 우왕 4년(1378년)에 취암사에서 간행한 목판본은 상,하권 모두 온전하게 국립중앙도서관에 보존되고 있다. 독일과 프랑스는 이것이 세계에서 가장 오래된 금속 활자본이란 사실을 쉽게 인정하지 않았으나 우리나라의 끈질긴 연구와 자료 수집 끝에 2001년 9월 유네스코 세계 기록 유산으로 등재되었다. 이 책의 이름은?

배점 : 10점

문제7

1990년 11월 설립된 서울방송(SBS ; Seoul Broadcasting System)은 1991년 3월에 라디오 방송과 12월에는 TV 방송을 차례로 송출하기 시작하였다. (①)년 3월 (주)SBS로 사명을 변경하고 현재는 총 7개의 채널을 운영하고 있다. SBS를 상징하며 곰을 바탕으로 한 즐겁고 따뜻한 세상을 꿈꾸는 "믿음직한 친구"라는 의미의 공식 캐릭터인 (②)은/는 2004년 박수동 화백에 의해 탄생하였고 2012년에 더 귀엽고 사랑스러운 새로운 형태의 캐릭터로 업그레이드 하였다.

배점 : ① 10점　　　　　　　　② 10점

문제8

이것은 간단한 음식이라는 의미로 사용되며, 중국에서는 코스요리의 중간식사로 홍콩에서는 전채음식으로 우리나라에서는 후식으로 즐겨 먹는 음식이다. 이 음식은 기름에 튀기거나 찌는 형태 이외에 식혜처럼 떠먹는 것, 국수처럼 말아먹는 것 등의 모양과 조리법에 따라 부르는 이름도 여러 가지이다. 이 음식은 차와 함께 담백한 것부터 단맛이 나는 것 순으로 먹는 것이 좋다. 중국의 4대 요리 중 하나인 광동 요리를 대표하는 음식이기도 한 이 음식의 명칭은?

배점 : 10점

MEMO

DIAT 인터넷 정보검색

정답 및 해설

Part 04

01 실전모의고사 정답 및 해설

02 최신기출문제 정답 및 해설

Digital Information Ability Test

01회 실전모의고사 모범답안

문제번호			각 문제번호별 주소(URL)와 정답을 정확하게 작성하시오.
01	①	URL	http://terms.naver.com/entry.nhn?docId=931821&cid=1021&categoryId=1021
		정답	교통의정서
	②	URL	http://terms.naver.com/entry.nhn?docId=931821&cid=1021&categoryId=1021
		정답	2005
02	①	URL	http://terms.naver.com/entry.nhn?docId=70352&cid=120&categoryId=248
		정답	여성주간
03	①	URL	http://gall.dcinside.com/board/view/?id=worldwar2&no=90482&page=
		정답	리콜라테슬라
04	①	URL	http://terms.naver.com/entry.nhn?docId=778321&cid=689&categoryId=2586
		정답	파소도블레
05	①	URL	http://www.kado.net/news/articleView.html?idxno=634347
		정답	63
06	①	URL	http://news.naver.com/main/read.nhn?mode=LSD&mid=sec&sid1=103&oid=003&aid=0004212509
		정답	58
07	①	URL	http://terms.naver.com/entry.nhn?docId=1820040&cid=293&categoryId=1478
		정답	수단
	②	URL	http://terms.naver.com/entry.nhn?docId=691710&cid=263&categoryId=2702
		정답	동국세시기
08	①	URL	http://terms.naver.com/entry.nhn?docId=721403&cid=704&categoryId=1490
		정답	캐비아

Digital Information Ability Test

02회 실전모의고사 모범답안

문제번호			각 문제번호별 주소(URL)와 정답을 정확하게 작성하시오.
01	①	URL	http://terms.naver.com/entry.nhn?docId=1199675&cid=200000000&categoryId=200000288
		정답	검은 월요일; black monday
	②	URL	http://biz.chosun.com/site/data/html_dir/2011/09/08/2011090802422.html
		정답	서킷브레이커
02	①	URL	http://ko.wikipedia.org/wiki/%EB%84%A4%EC%9D%B4%EC%B2%98
		정답	네이처; nature
03	①	URL	http://terms.naver.com/entry.nhn?docId=1202231&cid=200000000&categoryId=200002667
		정답	140
04	①	URL	http://comicsmuseum.org/guide/guide.asp#conTab2
		정답	5,000
05	①	URL	http://terms.naver.com/entry.nhn?docId=1094378&cid=200000000&categoryId=200004164
		정답	몽생미셸; Mont Saint Michel
06	①	URL	http://terms.naver.com/entry.nhn?docId=1116879&cid=200000000&categoryId=200003041
		정답	스윙바이; swingby
07	①	URL	http://terms.naver.com/entry.nhn?docId=937348&cid=100&categoryId=1133
		정답	구세군; Salvation Army
	②	URL	http://terms.naver.com/entry.nhn?docId=937348&cid=100&categoryId=1133
		정답	로버트 호가스; Robert Hoggard
08	①	URL	http://terms.naver.com/entry.nhn?docId=1106156&cid=200000000&categoryId=200002338
		정답	BCG; bacille de Calmette-Guerin vaccine

03회 실전모의고사 모범답안

문제번호			각 문제번호별 주소(URL)와 정답을 정확하게 작성하시오.
01	①	URL	http://ko.wikipedia.org/wiki/%EB%A0%88%EC%98%A4%EB%82%98%EB%A5%B4%EB%8F%84_%EB%8B%A4_%EB%B9%88%EC%B9%98
		정답	그리스도의 세계; 그리스도 세례; 세례 받는 그리스도; The Baptism of Christ
	②	URL	http://terms.naver.com/entry.nhn?docId=1204274&cid=200000000&categoryId=200003501
		정답	우피치 미술관; Galleria Degli Uffizi
02	①	URL	http://terms.naver.com/entry.nhn?docId=864823&cid=2866&categoryId=2866
		정답	가스하이드레이트; Gas Hydrate; 메탄하이드레이트; Methane Hydrate; 타는 얼음; Burning Ice; methane ice; 천연가스하이드레이트
03	①	URL	http://ulleung.grandculture.net/Contents/Contents?dataType=01&contents_id=GC01500669&isTreeSpread=Y
		정답	최종덕
04	①	URL	http://ko.wikipedia.org/wiki/%EB%AC%B4%EB%A1%9C%ED%9B%84%EC%8B%9C_%EA%B3%A0%EC%A7%80
		정답	무로후시 고지
05	①	URL	http://www.wikitree.co.kr/main/news_view.php?id=126194
		정답	117
06	①	URL	http://terms.naver.com/entry.nhn?docId=435534&cid=577&categoryId=577
		정답	4
07	①	URL	http://terms.naver.com/entry.nhn?docId=646440&cid=487&categoryId=1149
		정답	마우마우; Mau Mau
	②	URL	http://terms.naver.com/entry.nhn?docId=646440&cid=487&categoryId=1149
		정답	1963
08	①	URL	http://health.naver.com/medical/disease/detail.nhn?selectedTab=detail&diseaseSymptomTypeCode=AA&diseaseSymptomCode=AA000015&cpId=ja2#con
		정답	말라리아; malaria

04회 실전모의고사 모범답안

문제번호			각 문제번호별 주소(URL)와 정답을 정확하게 작성하시오.
01	①	URL	http://navercast.naver.com/contents.nhn?rid=116&contents_id=6119
		정답	세리즈; 서리즈; Cerise
	②	URL	http://navercast.naver.com/contents.nhn?rid=116&contents_id=6119
		정답	케슬러 증후군; 케슬러 신드롬; Kessler Syndome
02	①	URL	http://terms.naver.com/entry.nhn?docId=547288&cid=1587&categoryId=1587
		정답	정선 화암굴; 화암동굴
03	①	URL	http://www.ifez.go.kr/plan.do
		정답	2003
04	①	URL	http://terms.naver.com/entry.nhn?docId=944509&cid=3435&categoryId=3435
		정답	메르카토르; G.메르카토르; Mercator's projection; Mercator
05	①	URL	http://terms.naver.com/entry.nhn?docId=68894&cid=359&categoryId=359
		정답	비타민 D
06	①	URL	http://www.vitaminmd.co.kr/news/view.md?newsid=001bf
		정답	뚜렛병; 뚜렛장애; 뚜레 증후군; Tourette Disorder
07	①	URL	http://ko.wikipedia.org/wiki/%EC%A0%84%ED%86%B5%EC%8B%9C%EC%9E%A5_%EC%98%A8%EB%88%84%EB%A6%AC%EC%83%81%ED%92%88%EA%B6%8C
		정답	온누리 상품권; 전통시장 온누리 상품권
	②	URL	http://www.sijangtong.or.kr/cms/market/onnuri/about/identify/1185958_1143.html
		정답	뻥튀기
08	①	URL	http://terms.naver.com/entry.nhn?docId=1113977&cid=200000000&categoryId=200003812
		정답	영주 소수서원; 소수서원

05회 실전모의고사 모범답안

Digital Information Ability Test

문제번호			각 문제번호별 주소(URL)와 정답을 정확하게 작성하시오.
01	①	URL	http://terms.naver.com/entry.nhn?docId=1134555&cid=200000000&categoryId=200003016
		정답	이명법; 2명법; binomial nomenclature; binomial system
	②	URL	http://terms.naver.com/entry.nhn?docId=545961&cid=1610&categoryId=1610
		정답	Theragra chalcogramma; Theragra chalcogramma Pallas
02	①	URL	http://terms.naver.com/entry.nhn?docId=785419&cid=85&categoryId=2617
		정답	간송미술관
03	①	URL	http://www.handphone.or.kr/depth6/company_01.php
		정답	2003
04	①	URL	http://terms.naver.com/entry.nhn?docId=71541&cid=520&categoryId=520
		정답	자기공명촬영장치; MRI; Magnetic Resonance Imaging ; 자기공명영상장치
05	①	URL	http://terms.naver.com/entry.nhn?docId=300126&cid=515&categoryId=1165
		정답	스톡옵션; stock option; 주식매입선택권; 주식매수선택권
06	①	URL	http://ko.wikipedia.org/wiki/%EC%9D%B4%EC%9C%A0%ED%98%95
		정답	이유형
07	①	URL	http://terms.naver.com/entry.nhn?docId=579600&cid=1597&categoryId=1597
		정답	안도라; 안도라공국; Andorra
	②	URL	http://terms.naver.com/entry.nhn?docId=579600&cid=1597&categoryId=1597
		정답	1995
08	①	URL	http://terms.naver.com/entry.nhn?docId=1158409&cid=200000000&categoryId=200003327
		정답	포인세티아; poinsettia; 홍성목

06회 실전모의고사 모범답안

문제번호			각 문제번호별 주소(URL)와 정답을 정확하게 작성하시오.
01	①	URL	http://terms.naver.com/entry.nhn?docId=1177824&cid=200000000&categoryId=200003805
		정답	요르단
	②	URL	http://terms.naver.com/entry.nhn?docId=1107804&cid=200000000&categoryId=200002646
		정답	사이크스피코 협정; 사이크스피코 조약
02	①	URL	http://www.cha.go.kr/korea/heritage/search/Culresult_Db_View.jsp?mc=NS_04_03_01&VdkVgwKey=13,03510000,31
		정답	파주 오두산성; 오두산성
03	①	URL	http://terms.naver.com/entry.nhn?docId=1111169&cid=200000000&categoryId=200003813
		정답	서상천
04	①	URL	http://www.ftc.go.kr/ftcinfo/chairman/presidentHistory.jsp
		정답	김동수
05	①	URL	http://terms.naver.com/entry.nhn?docId=1087454&cid=200000000&categoryId=200003611
		정답	러슈모어; 러시모어; Rushmore
06	①	URL	http://terms.naver.com/entry.nhn?docId=1083459&cid=200000000&categoryId=200003710
		정답	151
07	①	URL	http://terms.naver.com/entry.nhn?docId=692890&cid=263&categoryId=1043
		정답	정약용
	②	URL	http://terms.naver.com/entry.nhn?docId=692890&cid=263&categoryId=1043
		정답	아언각비
08	①	URL	http://terms.naver.com/entry.nhn?docId=1323690&cid=200000000&categoryId=200004440
		정답	멜라니 클라인; Melanie Klein

07회 실전모의고사 모범답안

문제번호			각 문제번호별 주소(URL)와 정답을 정확하게 작성하시오.
01	①	URL	http://terms.naver.com/entry.nhn?docId=924633&cid=3437&categoryId=3437
		정답	그래미상; Grammy Award
	②	URL	http://www.seoul.co.kr/news/newsView.php?id=20110916025003
		정답	악당; 악당이반
02	①	URL	http://terms.naver.com/entry.nhn?docId=68902&cid=83&categoryId=83
		정답	비행착각; 버티고; spatial disorientation; Vertigo
03	①	URL	http://terms.naver.com/entry.nhn?docId=1227363&cid=200000000&categoryId=200000892
		정답	폴리페놀; 다가페놀; polyphenol
04	①	URL	http://terms.naver.com/entry.nhn?docId=564944&cid=1611&categoryId=1611
		정답	갈대
05	①	URL	http://terms.naver.com/entry.nhn?docId=20892&cid=2891&categoryId=2891
		정답	스마트워크; smartwork
06	①	URL	http://terms.naver.com/entry.nhn?docId=1145205&cid=200000000&categoryId=200001195
		정답	집진기; dust collector
07	①	URL	http://terms.naver.com/entry.nhn?docId=1102807&cid=200000000&categoryId=200004369
		정답	보츠와나; 보츠와나 공화국; Republic of Botswana
	②	URL	http://terms.naver.com/entry.nhn?docId=576794&cid=1597&categoryId=1597
		정답	1968
08	①	URL	http://www.kores.or.kr/gpms/sub01/mgt/mgt_01_01_1.jsp
		정답	한국광물자원공사

08회 실전모의고사 모범답안

Digital Information Ability Test

문제번호			각 문제번호별 주소(URL)와 정답을 정확하게 작성하시오.
01	①	URL	http://navercast.naver.com/contents.nhn?rid=100&contents_id=5732
		정답	할슈타트; hallstatt
	②	URL	http://navercast.naver.com/contents.nhn?rid=100&contents_id=5732
		정답	소금
02	①	URL	http://www.hanbitarts.co.kr/info/i03.htm
		정답	한빛예술단
03	①	URL	http://terms.naver.com/entry.nhn?docId=1113535&cid=200000000&categoryId=200003878
		정답	윌리엄 셰익스피어; 셰익스피어
04	①	URL	http://terms.naver.com/entry.nhn?docId=74689&cid=209&categoryId=209
		정답	MVNO; 가상이동통신망사업자; 이동통신재판매사업자
05	①	URL	http://www.hidoc.co.kr/WellBingLife/WellBingLife01.aspx?Mode=View&ModuleID=301&srno=25035
		정답	알레르기비염; 알레르기성비염; 코 알레르기; 고초열
06	①	URL	http://boho.or.kr/kor/check/check_05.jsp
		정답	웹체크; WebCheck
07	①	URL	http://terms.naver.com/entry.nhn?docId=1178939&cid=200000000&categoryId=200000090
		정답	아잔타; 아잔타 석굴; 아잔탄 사원
	②	URL	http://terms.naver.com/entry.nhn?docId=1178939&cid=200000000&categoryId=200000090
		정답	호랑이
08	①	URL	http://terms.naver.com/entry.nhn?docId=928602&cid=505&categoryId=505
		정답	오슬로 평화협정; 오슬로 협정; 오슬로 자치안

09회 실전모의고사 모범답안

문제번호			각 문제번호별 주소(URL)와 정답을 정확하게 작성하시오.
01	①	URL	http://terms.naver.com/entry.nhn?docId=933144&cid=607&categoryId=607
		정답	우주조약; 우주법; 외기권 우주조약; Outer Space Treaty
	②	URL	http://terms.naver.com/entry.nhn?docId=933144&cid=607&categoryId=607
		정답	1967
02	①	URL	http://100.daum.net/encyclopedia/view.do?docid=b21k0978a
		정답	카본 블랙; carbon black
03	①	URL	http://terms.naver.com/entry.nhn?docId=67207&cid=580&categoryId=580
		정답	대멸종; Mass extinction; PT; P/T
04	①	URL	http://terms.naver.com/entry.nhn?docId=1151739&cid=200000000&categoryId=200001594
		정답	키조개; comb pen shell
05	①	URL	http://terms.naver.com/entry.nhn?docId=537778&cid=1597&categoryId=1597
		정답	자메이카; Jamaica
06	①	URL	http://www.eto.co.kr/news/outview.asp?Code=20130828101305970&ts=55132
		정답	골든 시드 프로젝트; Golden Seed Project
07	①	URL	http://www.index.go.kr/egams/stts/jsp/potal/cust/intro/PO_INTRO_Main.jsp
		정답	e-나라지표
	②	URL	http://www.index.go.kr/egams/stts/jsp/potal/stts/PO_STTS_IdxMain.jsp?idx_cd=2750&bbs=INDX_001&clas_div=C&rootKey=1.48.0
		정답	422
08	①	URL	http://krdic.naver.com/detail.nhn?docid=8922400
		정답	당동벌이

10회 실전모의고사 모범답안

문제번호			각 문제번호별 주소(URL)와 정답을 정확하게 작성하시오.
01	①	URL	http://www.minimumwage.go.kr/intro/intro03_1.jsp?onMenu=intro03_1
		정답	최저임금위원회; 최저임금심의위원회
	②	URL	http://www.minimumwage.go.kr/intro/intro01_2.jsp?onMenu=intro01_2
		정답	조기준
02	①	URL	http://terms.naver.com/entry.nhn?docId=1128579&cid=200000000&categoryId=200003489
		정답	오카리나; ocarina
03	①	URL	http://www.hani.co.kr/arti/science/kistiscience/439544.html
		정답	메탄가스
04	①	URL	http://thevoice2.interest.me/program
		정답	보이스 코리아; 더 보이스 오브 코리아
05	①	URL	http://www.kdic.or.kr/introduce/intro_01.jsp
		정답	예금보험공사
06	①	URL	http://terms.naver.com/entry.nhn?docId=72012&cid=945&categoryId=945
		정답	제프 블래터; 제프 블라터; Joseph sepp Blatter
07	①	URL	http://www.law.go.kr/lsInfoP.do?lsiSeq=133242&efYd=20130701#0000
		정답	산업안전보건기준에 관한 규칙
	②	URL	http://www.law.go.kr/lsInfoP.do?lsiSeq=133242&efYd=20130701#0000
		정답	황화수소
08	①	URL	http://library.snu.ac.kr/StaticView?id=readinroom&file=ReadingRoom01
		정답	고교생; 고등학생

11회 실전모의고사 모범답안

문제번호			각 문제번호별 주소(URL)와 정답을 정확하게 작성하시오.
01	①	URL	http://terms.naver.com/entry.nhn?docId=929200&cid=540&categoryId=540
		정답	프라하; Praha
	②	URL	http://skyedaily.com/news/news_view.html?ID=3515
		정답	서울 코뮤니케; 서울 코뮈니케; Seoul Communique
02	①	URL	http://terms.naver.com/entry.nhn?docId=1215776&cid=200000000&categoryId=200003538
		정답	카메오; 까메오; cameo
03	①	URL	http://kma.go.kr/weather/earthquake/domestictrend.jsp
		정답	52
04	①	URL	http://www.safe182.go.kr/cont/homeLogContents.do?contentsNm=report_info_117
		정답	117
05	①	URL	http://terms.naver.com/entry.nhn?docId=1081049&cid=200000000&categoryId=200001928
		정답	대상포진; herpes zoster; 싱글스; shingles
06	①	URL	http://www.asiae.co.kr/news/view.htm?idxno=2012011716272539640
		정답	모란장
07	①	URL	http://terms.naver.com/entry.nhn?docId=574470&cid=1592&categoryId=1592
		정답	임원경제지; 임원십육지; 임원16지; 임원경제십육지; 임원경제16지
	②	URL	http://terms.naver.com/entry.nhn?docId=574470&cid=1592&categoryId=1592
		정답	풍석
08	①	URL	http://terms.naver.com/entry.nhn?docId=1049159&cid=445&categoryId=445
		정답	남극장보고과학기지; 장보고과학기지; 장보고기지

12회 실전모의고사 모범답안

문제번호			각 문제번호별 주소(URL)와 정답을 정확하게 작성하시오.
01	①	URL	http://100.naver.com/100.nhn?docid=109628
		정답	장강; 창강; 양쯔강; 양자강
	②	URL	http://100.naver.com/100.nhn?docid=109628
		정답	황허; 황하
02	①	URL	http://100.naver.com/100.nhn?docid=56045
		정답	반트러스트법; 셔먼독점금지법
03	①	URL	http://100.naver.com/100.nhn?docid=183253
		정답	풍차; windmill
04	①	URL	http://terms.naver.com/entry.nhn?docId=929253&cid=493&categoryId=493
		정답	이범석
05	①	URL	http://100.naver.com/100.nhn?docid=890044
		정답	패시브 하우스; Passive house
06	①	URL	http://100.naver.com/100.nhn?docid=21944
		정답	국립중앙도서관
07	①	URL	http://www.cha.go.kr/korea/heritage/search/Culresult_Db_View.jsp?mc=NS_04_03_01&VdkVgwKey=12,05250000,37
		정답	삼국사기
	②	URL	http://www.cha.go.kr/korea/heritage/search/Culresult_Db_View.jsp?mc=NS_04_03_01&VdkVgwKey=12,05250000,37
		정답	옥산서원; 청분각; 옥산서원 청분각
08	①	URL	http://terms.naver.com/entry.nhn?docId=727468&mobile&categoryId=485
		정답	10년 복무 연한제

13회 실전모의고사 모범답안

문제번호			각 문제번호별 주소(URL)와 정답을 정확하게 작성하시오.
01	①	URL	http://100.naver.com/100.nhn?docid=129474
		정답	인상주의; impressionism;
	②	URL	http://100.naver.com/100.nhn?docid=129474
		정답	인상파
02	①	URL	http://www.police.go.kr/ourpolice/op_symbol_01.jsp
		정답	참수리
03	①	URL	http://100.naver.com/100.nhn?docid=82523
		정답	오디
04	①	URL	http://100.naver.com/100.nhn?docid=56982
		정답	리그베다; Rigveda
05	①	URL	http://www.snmb.mil.kr/mbshome/mbs/snmb/subview.jsp?id=snmb_020201000000
		정답	사이버 참배
06	①	URL	http://100.naver.com/100.nhn?docid=702875
		정답	래프팅; Rafting
07	①	URL	http://www.ngii.go.kr/kor/contents/contentsView.do?rbsIdx=50
		정답	국토해양부 국토지리정보원; 국토지리정보원
	②	URL	http://www.ngii.go.kr/kor/contents/contentsView.do?rbsIdx=91#none
		정답	3,100
08	①	URL	http://navercast.naver.com/contents.nhn?contents_id=2379
		정답	거짓말 탐지법; 거짓말 심문법

14회 실전모의고사 모범답안

문제번호			각 문제번호별 주소(URL)와 정답을 정확하게 작성하시오.
01	①	URL	http://100.naver.com/100.nhn?docid=68520
		정답	바로크 음악; Baroque music
	②	URL	http://100.naver.com/100.nhn?docid=68520
		정답	오르페오; Orfeo
02	①	URL	http://www.nema.go.kr/nema_cms_iba/show_nema/show_contents.jsp?check_the_num=164&check_the_code=8&check_up_num=51
		정답	방패
03	①	URL	http://terms.naver.com/entry.nhn?docId=911903&mobile&categoryId=2699
		정답	계피; Cinnamon
04	①	URL	http://navercast.naver.com/contents.nhn?contents_id=4021
		정답	공자
05	①	URL	http://navercast.naver.com/contents.nhn?contents_id=5712
		정답	LTE
06	①	URL	http://terms.naver.com/entry.nhn?docId=798533&mobile&categoryId=2597
		정답	글라이더; Glider
07	①	URL	http://www.krcert.or.kr/kor/intro/intro.jsp
		정답	KrCERT/CC; 인터넷침해대응센터 인터넷침해사고대응지원센터
	②	URL	http://www.krcert.or.kr/kor/intro/intro.jsp
		정답	118
08	①	URL	http://www.ftc.go.kr/ftcinfo/ftcinfo/target.jsp
		정답	공정거래위원회

15회 실전모의고사 모범답안

문제번호			각 문제번호별 주소(URL)와 정답을 정확하게 작성하시오.
01	①	URL	http://www.mopas.go.kr/gpms/resource/popup/sos.html
		정답	행정안전부
	②	URL	http://www.mopas.go.kr/gpms/resource/popup/sos.html
		정답	SOS 국민안심 서비스
02	①	URL	http://www.relief.or.kr/service/dp/dp010103.asp
		정답	#0095
03	①	URL	http://terms.naver.com/entry.nhn?docId=390177&mobile&categoryId=673
		정답	서스펜스; suspense
04	①	URL	http://100.naver.com/100.nhn?docid=434913
		정답	다다이즘; 다다; dadaism; dada
05	①	URL	http://terms.naver.com/entry.nhn?docId=916704&mobile&categoryId=571
		정답	혼일강리도; 혼일강리역대국도지도
06	①	URL	http://100.naver.com/100.nhn?docid=149328
		정답	치외법권
07	①	URL	http://www.pps.go.kr/user.tdf?a=common.HtmlApp&c=1001&page=/pps/introduce/organization/function/function.html&mc=P_06_03_02
		정답	조달청
	②	URL	http://www.pps.go.kr/user.tdf?a=common.HtmlApp&c=1001&page=/pps/introduce/chairman/generation/generation.html&mc=P_06_02_05
		정답	황인성
08	①	URL	http://100.naver.com/100.nhn?docid=798202
		정답	까나리

16회 실전모의고사 모범답안

문제번호			각 문제번호별 주소(URL)와 정답을 정확하게 작성하시오.
01	①	URL	http://navercast.naver.com/contents.nhn?contents_id=7644
		정답	구리; 동
	②	URL	http://navercast.naver.com/contents.nhn?contents_id=11754
		정답	주석
02	①	URL	http://terms.naver.com/entry.nhn?docId=958784&mobile&categoryId=3071
		정답	3심제도; 심급제도
03	①	URL	http://terms.naver.com/entry.nhn?docId=1167805&mobile&categoryId=200000215
		정답	님비증후군; 님비현상; 바나나증후군; 바나나현상
04	①	URL	http://terms.naver.com/entry.nhn?docId=299322&mobile&categoryId=1164
		정답	공적자금
05	①	URL	http://terms.naver.com/entry.nhn?docId=17433&mobile&categoryId=2891
		정답	티처보이; 교사의존학생; Teacher boy
06	①	URL	http://hahoe.iwootec.co.kr/coding/sub1/sub3.asp
		정답	하회마을; 안동하회마을
07	①	URL	http://terms.naver.com/entry.nhn?docId=545433&mobile&categoryId=1609
		정답	말라리아; malaria
	②	URL	http://terms.naver.com/entry.nhn?docId=545433&mobile&categoryId=1609
		정답	학; 학질
08	①	URL	http://terms.naver.com/entry.nhn?docId=1205213&mobile&categoryId=200001848
		정답	옹기민속박물관

17회 실전모의고사 모범답안

문제번호			각 문제번호별 주소(URL)와 정답을 정확하게 작성하시오.
01	①	URL	http://terms.naver.com/entry.nhn?docId=1157868&categoryId=200000374
		정답	펜싱; fencing
	②	URL	http://terms.naver.com/entry.nhn?docId=1107455&mobile&categoryId=200000374
		정답	사브르; sabre
02	①	URL	http://terms.naver.com/entry.nhn?docId=17823&categoryId=208
		정답	허니팟; honey pot
03	①	URL	http://terms.naver.com/entry.nhn?docId=1392264&mobile&categoryId=3389
		정답	발레타; Valleta
04	①	URL	http://terms.naver.com/entry.nhn?docId=795636&mobile&categoryId=1645
		정답	칠교놀이; 칠교; 유객주놀이
05	①	URL	http://terms.naver.com/entry.nhn?docId=1310823&mobile&categoryId=200000519
		정답	스마트그리드; 지능형 전력망; Smart Grid
06	①	URL	http://terms.naver.com/entry.nhn?docId=1161101&mobile&categoryId=200001745
		정답	한국여성정책연구원; 한국여성개발원
07	①	URL	http://terms.naver.com/entry.nhn?docId=300337&mobile&categoryId=520
		정답	블루오션; 무경쟁시장; blue ocean
	②	URL	http://terms.naver.com/entry.nhn?docId=1349191&mobile&categoryId=200000191
		정답	퍼플오션; Purple Ocean
08	①	URL	http://www.kihoilbo.co.kr/news/articleView.html?idxno=480425
		정답	멜라토닌; melatonin; 멜라토닌 호르몬

18회 실전모의고사 모범답안

문제번호			각 문제번호별 주소(URL)와 정답을 정확하게 작성하시오.
01	①	URL	http://terms.naver.com/entry.nhn?docId=1221900&categoryId=200000872
		정답	플럭서스; Fluxus
	②	URL	http://terms.naver.com/entry.nhn?docId=1167715&categoryId=200001556&index=%EB%B0%94
		정답	백남준
02	①	URL	http://terms.naver.com/entry.nhn?cid=824&docId=918210&mobile&categoryId=832
		정답	각저총
03	①	URL	http://terms.naver.com/entry.nhn?docId=1699339&cid=68&categoryId=68
		정답	함무라비 법전
04	①	URL	http://terms.naver.com/entry.nhn?docId=1221807&categoryId=200000201
		정답	샐리의 법칙; Sally's law
05	①	URL	http://navercast.naver.com/contents.nhn?contents_id=5272
		정답	양자역학; 양자역학이론; 양자역학론
06	①	URL	http://terms.naver.com/entry.nhn?docId=1152853&categoryId=200000961
		정답	테이블산; Table Mountain
07	①	URL	http://terms.naver.com/entry.nhn?docId=934202&categoryId=192
		정답	기요틴; guillotine
	②	URL	http://terms.naver.com/entry.nhn?docId=1159329&categoryId=200000330#
		정답	프랑스 혁명; French Revolution
08	①	URL	http://terms.naver.com/entry.nhn?docId=280208&categoryId=3015
		정답	비틀즈; The Beatles

19회 실전모의고사 모범답안

문제번호			각 문제번호별 주소(URL)와 정답을 정확하게 작성하시오.
01	①	URL	http://terms.naver.com/entry.nhn?cid=503&docId=19632&mobile&categoryId=503
		정답	온실가스
	②	URL	http://terms.naver.com/entry.nhn?cid=503&docId=19632&mobile&categoryId=503
		정답	탄소배출권거래제; 배출권거래제
02	①	URL	http://terms.naver.com/entry.nhn?cid=685&docId=1640346&mobile&categoryId=1424
		정답	스플릿 시스템; split system
03	①	URL	http://terms.naver.com/entry.nhn?cid=406&docId=932834&mobile&categoryId=406
		정답	N스크린
04	①	URL	http://terms.naver.com/entry.nhn?docId=1063783&mobile&categoryId=200000229
		정답	공천
05	①	URL	http://terms.naver.com/entry.nhn?docId=1222335&mobile&categoryId=200000258
		정답	낙인효과; 스티그마 효과; labeling effect
06	①	URL	http://terms.naver.com/entry.nhn?docId=1225605&mobile&categoryId=200000311
		정답	똑똑한 먼지; 스마트 더스트; smart dust
07	①	URL	http://news.heraldcorp.com/view.php?ud=20120612000120&md=20120617060504_E
		정답	다산; 정약용; 다산 정약용
	②	URL	http://news.heraldcorp.com/view.php?ud=20120612000120&md=20120617060504_E
		정답	오객기
08	①	URL	http://terms.naver.com/entry.nhn?cid=669&docId=1640351&mobile&categoryId=1390
		정답	도둑들

20회 실전모의고사 모범답안

문제번호			각 문제번호별 주소(URL)와 정답을 정확하게 작성하시오.
01	①	URL	http://terms.naver.com/entry.nhn?cid=200000000&docId=1103871&mobile&categoryId=200000329
		정답	부산포해전
	②	URL	http://terms.naver.com/entry.nhn?cid=200000000&docId=1227435&mobile&categoryId=200000236
		정답	사천포해전
02	①	URL	http://terms.naver.com/entry.nhn?cid=604&docId=70298&categoryId=604
		정답	에어 포스 원; Air Force One; 미국 대통령 전용기
03	①	URL	http://terms.naver.com/entry.nhn?cid=200000000&docId=1246919&mobile&categoryId=200000478
		정답	노로바이러스; Noro virus; NLVs
04	①	URL	http://terms.naver.com/entry.nhn?cid=570&docId=631623&mobile&categoryId=1303
		정답	황도 12궁
05	①	URL	http://terms.naver.com/entry.nhn?cid=414&docId=933763&mobile&categoryId=414
		정답	힉스입자; 히그스 보손; Higgs boson
06	①	URL	http://terms.naver.com/entry.nhn?docId=941522&cid=3433&categoryId=3433
		정답	엥겔 계수; 엥겔 지수; Engel's coefficient; 엥겔의 법칙
07	①	URL	http://terms.naver.com/entry.nhn?cid=200000000&docId=1234644&mobile&categoryId=200000204
		정답	젊은 베르테르의 슬픔; Die Leiden des jungen Werthers
	②	URL	http://terms.naver.com/entry.nhn?cid=200000000&docId=1234644&mobile&categoryId=200000204
		정답	베르테르효과; 베르테르 열병; Werther effect
08	①	URL	http://terms.naver.com/entry.nhn?cid=200000000&docId=1156914&mobile&categoryId=200000223
		정답	파시즘; fascism

01회 최신기출문제 모범답안

문제번호			각 문제번호별 주소(URL)와 정답을 정확하게 작성하시오.
01	①	URL	http://terms.naver.com/entry.nhn?docId=75239&cid=505&categoryId=505
		정답	국가생명윤리심의위원회
	②	URL	http://terms.naver.com/entry.nhn?docId=932110&cid=204&categoryId=204
		정답	완화의료; 호스피스; hospice
02	①	URL	http://terms.naver.com/entry.nhn?docId=928622&cid=3084&categoryId=3084
		정답	이그노벨상; Ig Nobel Prize
03	①	URL	http://terms.naver.com/entry.nhn?docId=938195&cid=128&categoryId=128
		정답	재판연구원; 재판연구원 제도; 로클럭; 로클럭 제도; law clerk
04	①	URL	http://terms.naver.com/entry.nhn?docId=1233885&cid=200000000&categoryId=200000352
		정답	체리피커; cherry picker
05	①	URL	http://terms.naver.com/entry.nhn?docId=764051&cid=777&categoryId=1900
		정답	노들섬; 중지도; Nodeulseom
06	①	URL	http://terms.naver.com/entry.nhn?docId=1350825&cid=200000000&categoryId=200003351
		정답	클라우드 컴퓨팅; 클라우드 서비스; Cloud Computing
07	①	URL	http://terms.naver.com/entry.nhn?docId=935534&cid=345&categoryId=345
		정답	대종상영화제
	②	URL	http://terms.naver.com/entry.nhn?docId=1711334&cid=669&categoryId=1390
		정답	광해; 왕이 된 남자
08	①	URL	http://terms.naver.com/entry.nhn?docId=934598&cid=2933&categoryId=2933
		정답	엘 클라시코; El Clasico

02회 최신기출문제 모범답안

문제번호			각 문제번호별 주소(URL)와 정답을 정확하게 작성하시오.
01	①	URL	http://terms.naver.com/entry.nhn?cid=3077&docId=1582260&mobile&categoryId=3077
		정답	경주; 경주시
	②	URL	http://www.bulguksa.or.kr/01_intro.html
		정답	불국사
02	①	URL	http://terms.naver.com/entry.nhn?docId=1097608&mobile&categoryId=20000
		정답	항이뇨호르몬; ADH
03	①	URL	http://terms.naver.com/entry.nhn?docId=1179851&mobile&categoryId=200000198
		정답	전자상거래; e-commerce; electronic commerce
04	①	URL	http://terms.naver.com/entry.nhn?docId=938307&mobile&categoryId=390
		정답	팟캐스트; Podcast
05	①	URL	http://terms.naver.com/entry.nhn?docId=1187203&mobile&categoryId=200000
		정답	햄버거 커넥션; hamburger connection
06	①	URL	http://terms.naver.com/entry.nhn?docId=653759&mobile&categoryId=560
		정답	플루오린화수소산; 불산; 불화수소산; 불산가스; 플루오르산; Hydrofluoric Acid; HF
07	①	URL	http://terms.naver.com/entry.nhn?cid=445&docId=813095&mobile&categoryId=445
		정답	한국항공우주연구원; 항공우주연구원; 항우연; KARI
	②	URL	http://terms.naver.com/entry.nhn?cid=445&docId=813095&mobile&categoryId=445
		정답	아리랑
08	①	URL	http://terms.naver.com/entry.nhn?cid=200000000&docId=1152765&mobile&categoryId=20000915
		정답	테라코타; terra-cotta

03회 최신기출문제 모범답안

문제번호			각 문제번호별 주소(URL)와 정답을 정확하게 작성하시오.
01	①	URL	http://terms.naver.com/entry.nhn?cid=200000000&docId=1231715&mobile&categoryId=20000924
		정답	테셀레이션; 쪽매맞춤; tessellation
	②	URL	http://terms.naver.com/entry.nhn?cid=200000000&docId=1231715&mobile&categoryId=20000924
		정답	알함브라 궁전; 알람브라 궁전; Alhambra
02	①	URL	http://terms.naver.com/entry.nhn?cid=1137&docId=78351&categoryId=1137
		정답	피그말리온 효과; Pygmalion effect
03	①	URL	http://terms.naver.com/entry.nhn?cid=208&docId=15171&mobile&categoryId=2
		정답	스미싱; smishing
04	①	URL	http://terms.naver.com/entry.nhn?cid=200000000&docId=1160179&mobile&categoryId=20000070
		정답	피터팬 증후군; 피터팬 신드롬; Peter Pan syndrome
05	①	URL	http://terms.naver.com/entry.nhn?cid=3426&docId=922884&mobile&categoryId=3426
		정답	이조 전략
06	①	URL	http://terms.naver.com/entry.nhn?cid=505&docId=71049&mobile&categoryId=505
		정답	유엔 밀레니엄 정상회의; UN 밀레니엄 서밋; UN millenium summit
07	①	URL	http://terms.naver.com/entry.nhn?cid=200000000&docId=1216524&mobile&categoryId=200000797
		정답	황순원
	②	URL	http://terms.naver.com/entry.nhn?cid=200000000&docId=1216524&mobile&categoryId=200000797
		정답	카인의 후예
08	①	URL	http://terms.naver.com/entry.nhn?cid=685&docId=384411&mobile&categoryId=1435
		정답	티볼; teeball

04회 최신기출문제 모범답안

문제번호			각 문제번호별 주소(URL)와 정답을 정확하게 작성하시오.
01	①	URL	http://terms.naver.com/entry.nhn?cid=200000000&docId=1206962&mobile&categoryId=200000245
		정답	항공교통센터; 항공교통관제소; ATC; Air Traffic Center
	②	URL	http://acc.mltm.go.kr/USR/WPGE0201/m_16180/DTL.jsp
		정답	서풍진
02	①	URL	http://terms.naver.com/entry.nhn?cid=1009&docId=389720&categoryId=1700
		정답	플라톤; Plato; Platon
03	①	URL	http://terms.naver.com/entry.nhn?cid=607&docId=933101&mobile&categoryId=607
		정답	나로우주센터; 한국항공우주연구원 나로우주센터; Naro Space Center
04	①	URL	http://terms.naver.com/entry.nhn?cid=200000000&docId=1162839&mobile&categoryId=200001171
		정답	헤밍웨이; 어니스트 헤밍웨이; Ernest Miller Hemingway
05	①	URL	http://terms.naver.com/entry.nhn?cid=200000000&docId=1224080&mobile&categoryId=200000398
		정답	친환경 농산물
06	①	URL	http://terms.naver.com/entry.nhn?cid=865&docId=427289&categoryId=1731
		정답	베르너증후군; Werner syndrome
07	①	URL	http://terms.naver.com/entry.nhn?cid=1592&docId=547048&mobile&categoryId=1592
		정답	정릉
	②	URL	http://terms.naver.com/entry.nhn?cid=1592&docId=547048&mobile&categoryId=1592
		정답	신덕왕후; 신덕왕후 강씨
08	①	URL	http://terms.naver.com/entry.nhn?cid=200000000&docId=1232776&mobile&categoryId=200000204
		정답	캥거루족

05회 최신기출문제 모범답안

문제번호			각 문제번호별 주소(URL)와 정답을 정확하게 작성하시오.
01	①	URL	http://terms.naver.com/entry.nhn?cid=200000000&docId=1224730&mobile&categoryId=200000154
		정답	론스타; 론스타 펀드; Lone Star; Lone Star Fund
	②	URL	http://terms.naver.com/entry.nhn?cid=233&docId=301527&mobile&categoryId=233
		정답	국제투자분쟁해결센터; 투자분쟁해결국제센터; ICSID
02	①	URL	http://terms.naver.com/entry.nhn?cid=2892&docId=15180&mobile&categoryId=2892
		정답	스윙스테이트; Swing States
03	①	URL	http://www.bokjiro.go.kr/etc/intro.do
		정답	복지로
04	①	URL	http://terms.naver.com/entry.nhn?cid=2697&docId=911438&mobile&categoryId=2697
		정답	잎새버섯; 마이타케; Maitake; hen-of-the-woods; Grifola frondosa
05	①	URL	http://terms.naver.com/entry.nhn?cid=200000000&docId=1120763&mobile&categoryId=200000871
		정답	아리랑
06	①	URL	http://terms.naver.com/entry.nhn?cid=200000000&docId=1234517&mobile&categoryId=200000781
		정답	파밍; Pharming
07	①	URL	http://terms.naver.com/entry.nhn?cid=726&docId=930178&mobile&categoryId=1510
		정답	이순신대교
	②	URL	http://terms.naver.com/entry.nhn?cid=726&docId=930178&mobile&categoryId=1510
		정답	1,545
08	①	URL	http://terms.naver.com/entry.nhn?cid=685&docId=1716399&mobile&categoryId=1430
		정답	스노골프; Snow Golf

06회 최신기출문제 모범답안

문제번호			각 문제번호별 주소(URL)와 정답을 정확하게 작성하시오.
01	①	URL	http://www.president.go.kr/president/profile.php
		정답	1974
	②	URL	http://www.cctoday.co.kr/news/articleView.html?idxno=762968
		정답	희망의 새 시대
02	①	URL	http://terms.naver.com/entry.nhn?cid=200000000&docId=1200510&mobile&categoryId=200000797
		정답	사하촌
03	①	URL	http://terms.naver.com/entry.nhn?cid=200000000&docId=1217782&mobile&categoryId=200000506
		정답	세그웨이; Segway
04	①	URL	http://terms.naver.com/entry.nhn?docId=1136454&cid=200000000&categoryId=200002338
		정답	인터페론; Interferon
05	①	URL	http://terms.naver.com/entry.nhn?cid=200000000&docId=1224315&mobile&categoryId=200001510
		정답	콜린 파월; Colin Powell; Colin Luther Powell
06	①	URL	http://terms.naver.com/entry.nhn?cid=200000000&docId=1067058&mobile&categoryId=200000288
		정답	국자감
07	①	URL	http://terms.naver.com/entry.nhn?cid=200000000&docId=1063356&mobile&categoryId=200000144
		정답	공사
	②	URL	http://terms.naver.com/entry.nhn?cid=1608&docId=526009&mobile&categoryId=1608
		정답	한국전기안전공사
08	①	URL	http://terms.naver.com/entry.nhn?cid=473&docId=13316&mobile&categoryId=473
		정답	나토족; NATO; No Action Talking Only

07회 최신기출문제 모범답안

문제번호			각 문제번호별 주소(URL)와 정답을 정확하게 작성하시오.
01	①	URL	http://terms.naver.com/entry.nhn?cid=200000000&docId=1203245&mobile&categoryId=200000825
		정답	귄터 그라스; Gunter Grass; Gunter Wilhelm Grass
	②	URL	http://terms.naver.com/entry.nhn?cid=200000000&docId=1203245&mobile&categoryId=200000825
		정답	양철북; Die Blechtrommel
02	①	URL	http://terms.naver.com/entry.nhn?cid=361&docId=860618&mobile&categoryId=361
		정답	크로마키 ; 비디오신; 매직신; Chroma Key
03	①	URL	http://terms.naver.com/entry.nhn?cid=200000000&docId=1720717&mobile&categoryId=200000141
		정답	식스포켓; Six Pocket
04	①	URL	http://terms.naver.com/entry.nhn?cid=685&docId=934439&mobile&categoryId=1425
		정답	월드베이스볼클래식; WBC
05	①	URL	http://terms.naver.com/entry.nhn?cid=200000000&docId=1132132&mobile&categoryId=200000580
		정답	유글레나; 연두벌레
06	①	URL	http://terms.naver.com/entry.nhn?cid=2894&docId=19718&mobile&categoryId=2894
		정답	입학사정관제; 입학사정관제도
07	①	URL	http://terms.naver.com/entry.nhn?cid=4289&docId=1023176&mobile&categoryId=4294
		정답	1949
	②	URL	http://terms.naver.com/entry.nhn?cid=4289&docId=1023264&mobile&categoryId=4296
		정답	한글날
08	①	URL	http://terms.naver.com/entry.nhn?cid=200000000&docId=1170528&mobile&categoryId=200000398
		정답	청어; Pacific herring

08회 최신기출문제 모범답안

문제번호			각 문제번호별 주소(URL)와 정답을 정확하게 작성하시오.
01	①	URL	http://terms.naver.com/entry.nhn?cid=875&docId=927617&categoryId=875
		정답	자기공명영상; MRI; Magnetic Resonance Imaging
	②	URL	http://terms.naver.com/entry.nhn?cid=875&docId=927610&categoryId=875
		정답	컴퓨터 단층촬영; CT; Computed Tomography
02	①	URL	http://www.mt.co.kr/view/mtview.php?type=1&no=2013050715551440387&outlink=1
		정답	데이마케팅; Day Marketing
03	①	URL	http://www.imaeil.com/sub_news/sub_news_view.php?news_id=59170&yy=200
		정답	옴부즈맨 제도; ombudsman system
04	①	URL	http://terms.naver.com/entry.nhn?cid=200000000&docId=1315119&categoryId=200000765
		정답	아이도저; i-doser
05	①	URL	http://news.naver.com/main/read.nhn?mode=LSD&mid=sec&sid1=100&oid=021&aid=0000027223
		정답	코로나 바이러스; Corona Virus
06	①	URL	http://terms.naver.com/entry.nhn?cid=272&docId=1530319&mobile&categoryId=272
		정답	코스모폴리터니즘; 세계(시민)주의; Cosmopolitanism
07	①	URL	http://media.daum.net/breakingnews/newsview?newsid=20060620104611337
		정답	인소싱; Insourcing
	②	URL	http://news.mk.co.kr/newsRead.php?year=2013&no=198384
		정답	아웃소싱; Outsourcing
08	①	URL	http://www.it.co.kr/news/mediaitNewsView.php?nSeq=2362252
		정답	유기발광다이오드; OLED; Organic Light Emitting Diodes

09회 최신기출문제 모범답안

문제번호			각 문제번호별 주소(URL)와 정답을 정확하게 작성하시오.
01	①	URL	http://terms.naver.com/entry.nhn?cid=3001&docId=881987&mobile&categoryId=3031
		정답	마르크 샤갈; 샤갈; Marc Chagall
	②	URL	http://terms.naver.com/entry.nhn?cid=3143&docId=974821&mobile&categoryId=3246
		정답	이카루스의 추락; La Chute d'Icare
02	①	URL	http://news.mk.co.kr/newsRead.php?year=2012&no=368673
		정답	실러캔스; Coelacanth
03	①	URL	http://terms.naver.com/entry.nhn?cid=272&docId=1530368&mobile&categoryId=272
		정답	스토리텔링; Storytelling
04	①	URL	http://health.chosun.com/site/data/html_dir/2013/07/30/2013073001710.html
		정답	부정맥; 결체; Arrhythmia
05	①	URL	http://terms.naver.com/entry.nhn?cid=200000000&docId=1215896&mobile&categoryId=200000353
		정답	코코스 섬 국립공원; Cocos Island National Park
06	①	URL	http://www.ajunews.com/common/redirect.jsp?newsId=20110803000136
		정답	베르나르 베르베르; Bernard Werber
07	①	URL	http://www.etnews.com/news/economy/education/2041439_1491.html
		정답	GMO; Genetically Modified Organism
	②	URL	http://www.imaeil.com/sub_news/sub_news_view.php?news_id=1091&yy=2009
		정답	무르지 않는 토마토; Flavr Savr
08	①	URL	http://terms.naver.com/entry.nhn?cid=200000000&docId=1102402&mobile&categoryId=200000518
		정답	보령화력발전소

10회 최신기출문제 모범답안

문제번호			각 문제번호별 주소(URL)와 정답을 정확하게 작성하시오.
01	①	URL	http://terms.naver.com/entry.nhn?cid=472&docId=20494&mobile&categoryId=472
		정답	사물통신; 사물지능통신; M2M; Machine to Machine
	②	URL	http://m2msc.kr/jsp/sub02/service02.jsp
		정답	위치기반서비스; LBS; Location Based Service
02	①	URL	http://news.mk.co.kr/newsRead.php?year=2011&no=782676
		정답	빅데이터; Big Data
03	①	URL	http://sports.hankooki.com/lpage/life/201306/sp2013060311490495530.htm
		정답	소셜 큐레이션; Social Curation
04	①	URL	http://terms.naver.com/entry.nhn?cid=247&docId=647978&mobile&categoryId=247
		정답	명예의 전당; HOF; Hall of Fame
05	①	URL	http://www.hani.co.kr/arti/sports/baseball/202648.html
		정답	재키 로빈슨; 잭 루스벨트 로빈슨; Jackie Robinson
06	①	URL	http://news.mk.co.kr/newsRead.php?year=2010&no=158783
		정답	직지심체요절; 직지
07	①	URL	http://terms.naver.com/entry.nhn?docId=649991&cid=2054&categoryId=2058
		정답	2000
	②	URL	http://ko.wikipedia.org/wiki/%EA%B3%A0%EB%AF%B8_(SBS)
		정답	고미
08	①	URL	http://view.asiae.co.kr/news/view.htm?idxno=2011061610263490391&nvr=Y
		정답	딤섬; Dimsum

MEMO